引爆本地自媒体

王雄◎著

中国宇航出版社
·北京·

图书在版编目（CIP）数据

引爆本地自媒体 / 王雄著. -- 北京 : 中国宇航出版社，2016.12（2017.2重印）
ISBN 978-7-5159-1209-7

Ⅰ. ①引… Ⅱ. ①王… Ⅲ. ①互联网络－应用－传播媒介－研究 Ⅳ. ①G206.2

中国版本图书馆CIP数据核字(2016)第257208号

特约策划　肖胜萍　王　景
责任编辑　吴媛媛　　　　装帧设计　宇星文化

出版发行　中国宇航出版社
社　址　北京市阜成路8号　　邮　编　100830
(010)60286808　　(010)68768548
网　址　www.caphbook.com
经　销　新华书店
发行部　(010)60286888　　(010)68371900
(010)60286887　　(010)60286804(传真)
零售店　读者服务部
(010)68371105
承　印　三河市君旺印务有限公司
版　次　2016年12月第1版　　2017年2月第2次印刷
规　格　710×1000　　开　本　1/16
印　张　14.25　　字　数　182千字
书　号　ISBN 978-7-5159-1209-7
定　价　39.80元

本书如有印装质量问题，可与发行部联系调换

推荐序一
引爆本地自媒体的四个绝招

两年前，我在“秦王会”与大家分享过一个观点，本地自媒体将是下一座金矿，现在挖掘这座金矿的人越来越多，本地自媒体已经从蓝海转变成血海，你用微信随便搜索一个城市的名字，都会出现几十个本地自媒体账号。那么如何在这片血海中杀出一条血路呢？我和大家分享四个绝招。

第一招：打造几个自明星

本地自媒体的同质化现象日益严重，彼此抄袭，文章大多缺乏创意，比如广州某个本地自媒体发出一篇爆文，也许武汉某个本地自媒体直接抄袭这篇文章，只是把其中的地点由广州改为武汉。

此外，本地自媒体的文章个性特点不鲜明，该城市的居民看后最多只是觉得文章写得好，但不会将这篇文章和该本地自媒体联系起来。

怎么解决同质化严重、无个性以致粉丝记不住平台的问题呢？答案当然是打造自明星，两年前我就提出了自明星理论，本地自媒体如何做自明星？思路很简单，在公众号塑造几个专家型自明星，因为人们更愿意相信权威专家。

你可以在公众号上塑造一个对饮食颇有研究的专家型自明星，取名为“美食教授”，这个自明星以专家的身份为大家介绍本地美食。你还可以塑造一个精通穿衣打扮的专家型自明星，取名为“穿衣教授”，这个自明星介绍不同的穿衣搭配方案，比如商务着装搭配、休闲着装搭配，并且介绍衣服的购买地点。如果公众号运营团队人手充足，还可以塑造一个对玩非常有研究的专家型自明星，他负责介绍本地各个好玩的地方，以及外地的景点，然后和当地旅行社合作，开通旅游线路。

第二招：创始人出镜做自明星

除了在公众号里打造带领粉丝吃喝玩乐的自明星外，创始人也可以走到台前做自明星，在公众号里分享自己的创业历程，这样做不仅能让公众号更独特，而且能吸引更多商务合作，从而赢得投资人的青睐。

第三招：做社群

“社群”这个概念越来越火，人们都在讲社群，但有社群实操经验的人屈指可数，绝大部分人都是纸上谈兵。“秦王会”在两年半前就已经开始正式运营社群，拥有系统的社群营销理论。就“本地自媒体如何做社群”这一问题，我可以提供两种社群方案——精英社群和粉丝社群。

精英社群不求参与者数量，但求参与者质量。其中有两个思路：一是做本地老板娘社群，把她们聚集起来组建一个高端社群，准入门槛是年营业收入超一定数额、乐于分享；二是做本地创业者社群，创业者属于有激情且孤独的特殊群体，组建当地创业者社群，可定期组织线下聚会、线上分享。

粉丝社群的思路很简单，按照不同的兴趣组建不同的社群，比如以美食为主题的本地粉丝社群，以户外运动为主题的本地粉丝社群。

第四招：买《引爆本地自媒体》这本书

“秦王会”是我和王通联合发起组建的跨行、跨圈的互联网部落，现在已经荟聚了100多位精英，以创业者、行业专家、投资人为主。王雄是“秦王会”里非常优秀的会员，他给我们留下的印象是实干、勤奋、聪明。对拥有17年互联网从业经验的王雄来说，出版这本《引爆本地自媒体》可谓将自己多年来做本地自媒体、本地公众号、自明星式个人号、社群+线下活动、本地电商的经验全盘托出。目前，王雄专注移动互联网和新媒体营销策划，相信他的这本书能帮你在本地自媒体这座金矿中挖到属于你自己的金子。

秦　刚

秦刚简介：现居加拿大，1999年进入互联网行业，历任太平洋电脑网总编、太平洋汽车网市场总监、IT世界网CEO、39健康网联席总裁。

推荐序二
本地自媒体是个好的创业方向

你现在还看报纸吗?

可能绝大部分人早已经不看了，不仅不看报纸，甚至连电视都不看了。那么你从何处获知当地新闻呢?

答案是本地自媒体。

本地自媒体代替纸质媒体甚至门户网站，这是必然的趋势之一。运营本地自媒体显然是一个非常好的创业方向。

运营本地自媒体有三个优势：

- 成本低——注册一个微信公众号几乎零成本；
- 轻松干——掌握自媒体的玩法后，很轻松就把事做好了；
- 回报高——本地自媒体的用户精准，广告客户蜂拥而至。

“秦王会”里好几个成员都在运营本地自媒体，并且都做得非常成功，王雄就是其中之一，他现在的粉丝数量庞大、客户排着队想与他合作。

“秦王会”自创办之初就有一句核心口号：越分享，越成功!

王雄是口号的最佳践行者，他非常细致地分享了自己多年来运营本地自媒体的实战经验，并将它以出版物的形式呈现给大家。

《引爆本地自媒体》这本书的核心是他提出的“3+2”矩阵策略在运

营本地自媒体中的运用，那么“3+2”矩阵策略是什么呢？

- “3”指本地公众号、自明星式个人号和本地社群；
- “2”指线下活动和本地电商。

如果你学会这本书中这些实战经验和技巧，认真运营一个本地自媒体平台，相信你一定可以像王雄一样成功。

王　通

王通简介：2000 年进入互联网行业，先后创办通王科技、绝活传媒、秦王会等公司，为企业提供互联网营销与商业模式的咨询服务，兼做天使投资。

自序

很久以来我就不喜欢
别人对我表示怜悯，
可是有了你的一点同情，
就像太阳暖我身心。
所以我觉得周围一片晨曦，
所以我能够边走边创造奇迹，
就是这个原因。

——俄罗斯抒情诗人阿赫玛托娃

创造奇迹是很多人的愿望，我们所处的移动互联网时代恰恰又是屡现奇迹的时代。对许多迷茫的自媒体人而言，引爆自媒体听起来前景无限，付诸实践却并非易事。

知名自媒体人鬼脚七在其著作《没事别随便思考人生》中说：“生活好像有一根绳子，牵着每个人走向那里。我们一边厌恶，一边成为；一边成为，一边厌恶。形成一个死结。没事别随便思考人生。思考着你就可能看破红尘。”

2015 年 12 月 31 日，鬼脚七在五台山剃度了，他绝不是第一个“看透人生”的自媒体人。

想要彻底深入一个行业，往往需要很久，甚至一生的时间。我也常常扪心自问，自己是否已经看透网络与自媒体的本质？

一路走来，由最初的梦想演绎而成的故事仿佛就发生在昨日。

作为国家首批计算机专业的学生，我第一次接触计算机是在大学课堂上。我很快就感受到了计算机的神奇，并疯狂地为之着迷。

当时网络还没有普及，上网要去电信局，价格很贵，两三个小时的网费相当于一周的生活费。虽然上网的机会屈指可数，但丝毫不影响我对计算机和网络的向往及追求。

1999 年毕业后，网络开始慢慢普及，我买了人生中的第一台电脑，做了第一个网站，用来卖空间和域名，然后又做了一个电子商务网站，售卖新奇特产品。印象最深的是当时有一款手机变声器——一个很好玩的小配件，手机城的一个老板买了一台试用后，一次性购买了上千台。

这算是我人生中第一次涉足电子商务，就是这个网站让我掘到了第一桶金，尝到了互联网的甜头。我后来还做过软件下载站、小游戏站，帮别人做搜索引擎优化及邮件推广等。

我曾经做的小游戏站连续两年保持百度排名前三，下载网站的国内流量排名也保持在第五左右。当然这期间也做过数不清的失败网站，但正是这些挫折让我明白了很多东西、积累了很多经验，所以现在做事时可以避开不少坑，少摔一些跤。

2012 年 9 月，腾讯开放了微信公众平台，我意识到这是一个机会，很快就提交资料注册了“无锡生活网”，算是最早一批注册的公众号之一。2014 年 3 月，我正式组建团队开始运营“无锡生活网”，通过线上线下多重活动，粉丝数量迅速积累到 10 万，而且跟无锡本地各大商圈、大型企事业单位都有合作。

2014 年 5 月，“无锡生活网”联合江苏电视台《早安江苏》栏目举办的帐篷节活动，7 天内微信报名人数就多达 2 000 人（最终因场地限制只允许 1 000 人参与），江苏电视台、无锡电视台等本地传统媒体纷纷跟进报道。因为第一场有太多人无缘参与，一周后我们又举办了第二场帐篷节活动。此后，我们举办的每一场活动不管名额是 100 人还是 1 000 人，基本上都是 3 天内报满，每次活动都会在当地圈里圈外引起轰动，“无锡生活网”逐渐成为无锡市非常有影响力的自媒体。

2015 年 2 月，“无锡生活网”联合全国近百个地方微信平台和 100 个全国性微信平台成功举办了首届微友春节联欢晚会，晚会视频点击率达 2 000 万人次。这个活动获得了包括滴滴打车在内的数十家企业的赞助，全国众多网络大佬及明星大腕纷纷发来视频祝贺，其中有香港著名导演陈勋奇、歌手杨臣刚，以及 K 友汇发起人老 K、We Media 创始人方雨，等等。

从此，“无锡生活网”走出无锡，走向全国。目前，“无锡生活网”的业务以微信代运营、线下活动策划、广告营销策划为主导，既是微信新媒体公司，也是广告公司和营销策划公司。“无锡生活网”与无锡当地多家大公司合作微信代运营，如茂业百货、国联人寿保险。

能取得这样的成绩离不开优秀的团队。幸运的是，我有一个配合默契的团队，他们团结上进，各有所长，个个都冲劲儿十足。如今，每个团队成员都能独当一面。

现在是“80 后”“90 后”的时代，团队管理方式自然与以前不同。我的管理方式很简单，允许团队成员自由发挥。我要的是有思想、有执行力的团队成员，有想法的人不少，而能想又能执行的人才是最具价值的。

身处移动互联网时代，本地自媒体很可能正在改变你我的命运，正如不断普及的新技术在改变人们的工作与生活。

相传有只荆棘鸟，它一生只歌唱一次。从离开巢开始，便执着地寻找荆棘树。当它找到时，会把自己娇小的身体扎在一株最长、最尖的荆棘上，流着血泪放声歌唱。无论未来的路上还有多少艰难险阻，我都会率领可爱的团队，像荆棘鸟一样，执着而勇敢地前行。

不忘初心，方得始终。

我们都有机会在这个最好的时代创造奇迹！

王　雄

2016 年 8 月

目录 CONTENTS

第六章

打一场基于创新的本地线下布局之战
——“3+2”矩阵策略之线下活动布局模式创新

第七章

在诸侯争霸的时代，本地自媒体电商是时候爆发了
——“3+2”矩阵策略之建立本地电商新世界

引言

夜已深，办公室里依旧有忙碌的身影。这是一群为梦想而奋斗的人，他们往往头顶高薪、酷炫、时尚的光环，朝九晚五的工作却是奢望；他们自由跳槽、高调创业，怀揣打造属于自己的一片天地的梦，在某个地区、某座城市兢兢业业、不分昼夜地工作。

他们是行走在移动互联网时代最迷茫也最可爱的本地自媒体人！

如果你也是其中的一员，请先回答以下问题，谈谈你的痛点和烦恼。

问题 1：你原来是做什么工作的？

问题 2：你是如何转型开始做本地自媒体的？

问题 3：你在做本地自媒体的过程中遇到的最大问题是什么？目前最大的盲点是什么？

问题 4：你如何看待本地自媒体的未来？

问题 5：你现在正在做的本地自媒体赢利吗？

问题 6：你做本地自媒体的第一桶金是怎么赚得的？

很多人有这样一个认识误区：做自媒体或本地自媒体的都很牛、很赚钱。互联网时代，做本地自媒体无非就是策划活动、撰写文章，做个投票增粉、第三方开发，开个本地化的社区商城、赚商业广告费……他们并不知道本地自媒体人的真正使命：本地自媒体到底是干什么的？是互联网公司、策划公司、传媒公司、科技公司，还是广告公司？

在我看来，成功的本地自媒体人心中应该有清晰的定位、有一个明确的方向。例如，我的目标就是不仅要将“无锡生活网”打造成无锡市最有影响力的自媒体，还要走出无锡，走向全国。

不知不觉，2016年已过半，欣喜或是心酸对本地自媒体人而言都已成为过去时。未来，随着移动互联网技术的普及，尤其在三四线城市，本地自媒体无疑将有更大的发展空间，这一领域将成为越来越规范、市场化的“行业”。

现今大部分本地自媒体人或对现有薪酬、利润不满，或对未来发展感到迷茫，或对近几年整个行业遭遇的瓶颈和衰退感到沮丧……

不转型等死，转型怕转死。

即将踏上转型之路的我们，或多或少都抱着一颗准备华丽转身又不安分的心。

同时，我们也应该清醒地看到，衰退不是个别现象，更不是最近才有的现象。

一直以来，自媒体的商业模式给人的印象似乎都是简单粗暴：广告+售卖。但随着越来越多的平台和渠道开始承载自媒体的功能——移动互联网时代最典型的例子就是微信，传统自媒体很难再垄断用户获取信息的入口。

因此许多本地自媒体人惶惶不可终日：营销没效果，广告做不动，用户不买账，更谈不上利润，该怎么活？

如果你也感到迷茫，在本地自媒体领域举步维艰，想不出未来本地自媒体的路该怎么走，那么拿起本书是对的。

与市场上大量普及微信日常运营流程与基本营销知识的图书不同，本书结合移动互联网时代的背景，解决本地自媒体人的实际困惑，提出了引爆本地自媒体的“3+2”矩阵策略，即通过“本地公众号、个人微信号、本地社群、线下活动、电商”的社交矩阵排兵布阵，为迷茫的本地自媒体人提出了明确的升级策略，促使他们强强联合、抱团取暖，为成立区域自媒体联盟奠定坚实的基础，实现从本地“困兽”到第一本地自媒体的华丽转型，成功引爆本地自媒体，从区域走向全国。

本书摒弃了灌输式的说教、成功学式的激励，更多的是实际可行、操作性强的落地策略，并注重引导本地自媒体人树立正确的价值观。相信你在阅读中将获得有益的启发。

比如做本地自媒体前，先理解商业本质。

法国启蒙思想家孟德斯鸠在《论法的精神》中说：“有商业的地方，便有美德。”

然而，一直以来，很多本地自媒体人都是谈“钱”色变：一方面享受着发达的商业社会营造的富足安逸的生活，另一方面痛骂商业、商人，好像这样就占据了道德的制高点。

英国知名经济学家和政治哲学家哈耶克认为：“必须限制直接的利他本能，才能让人类生存发展。”

这不难理解，唯有基于利己的商业，我们才能更好地服务他人、服务社会。

比如用户就是生产力。

很长一段时间里，许多互联网市场环境中的创新学者都认为，不要做迎合用户的内容，因为“乌合之众”始终存在。然而越来越市场化的自媒体抛出了一个现实的问题：为什么不能做满足用户需求的内容？

其实，只要理解了“迎合用户”和“满足需求”是两码事，你看待这个问题的态度就会豁然开朗。

在流量为王的互联网时代，用户就是生产力，珍惜每个用户及其产生的内容价值，未来的路将渐渐变成坦途。

比如本地自媒体应该是一个“入口”。

真正能够提供有行业深度的优质内容的基本不会只是个单纯的本地自媒体人。比如地方门户网站的很大一部分原创内容都来自各个领域的“专家”，你可以找职业经理人写职场，找烘焙师写美食，找杂志主编写时尚产业，找心理咨询师写情感，招一批全职或兼职写手撰稿。商业的本质永远是买卖，有产品、有需求，二者找到了相互匹配的渠道就成了一门生意。本地自媒体应该是一个“入口”：精选符合用户口味的资讯，再把大家联向互联网的四面八方。

沧海横流，方显英雄本色。你若决心选择不做迷茫的本地自媒体人，便要在同行万念俱灰、身心疲惫又伤痕累累之时逆势飞扬！

第一章

自媒体时代呼啸而来

——移动互联网时代的本地自媒体前景分析

进入移动互联网时代，本地自媒体的春天还会远吗?

本地自媒体有一个重要的特征，即彰显本地区域特色。

作为本地自媒体人，若想借时代的东风脱颖而出，就要善假于物。而在移动互联网时代,最好的“物”非微信平台莫属。如果你还没有注册公众账号,那么你就要抓紧了——你已经在时代的潮流中被先行者甩开了一大截。现在行动，融入这个时代的洪流还不算太晚!

站在移动互联网时代风口的本地自媒体

2015年3月5日，李克强总理在十二届全国人大第三次会议上陈述的政府工作报告中，首次提出了“互联网+”行动计划。

> 制订“互联网+”行动计划，推动移动互联网、云计算、大数据、物联网等与现代制造业结合，促进电子商务、工业互联网和互联网金融健康发展，引导互联网企业拓展国际市场。

随着我国互联网技术的普及和应用，传统媒体被网络新媒体步步紧逼，众多自媒体（包括本地自媒体）在新媒体的夹击下也是节节败退。

移动互联网带给我们的究竟是危机，还是机遇？传统本地自媒体人该如何转型以重获新生？

“自媒体”一词来自于英文“We Media”，又称“公民媒体”或“个人媒体”，是指私人化、平民化、普泛化、自主化的传播者以现代化、电子化的手段，向非特定的大多数或者特定的个人传递规范性及非规范性信息的新媒体的总称。自媒体平台包括博客、微博、微信、百度贴吧、论坛等网络社区。当前，微信公众号是自媒体的主要形式，让我们又迎来了崭新的本地自媒体时代。

至本书完成之时，对本地自媒体尚无明确的定义。本地自媒体有三个特征，其中“彰显本地（区域）特色”是重要特征之一，见图 1-1。

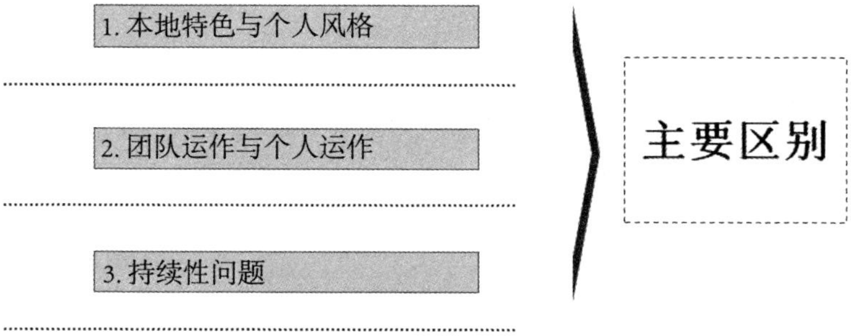

图 1–1　本地自媒体和自媒体的主要区别

1. 重本地特色，轻个人风格

自媒体运营一般会被要求秉持“公正、客观、中立”的态度，所以你能看到，自媒体虽然也有个人风格，但鲜有本地特色。

本地自媒体则不同，它在保持一定风格特征的基础上，突显本地特色。

2. 重团队运作，轻个人运作

自媒体和是否公司化运作的关系不大。

知名自媒体人罗振宇的视频节目《罗辑思维》尽管背后是公司化运作，但依然具有强烈的个人风格。按照罗振宇自己的说法：“视频节目的个人可辨识度是最高的——可以视为一种自媒体。”

同时，有些看似公司化运作的自媒体，并非严格意义上的自媒体，例如韩寒的《一个》、薛蛮子的《蛮子文摘》，它们都是打着个人旗号的媒体形式，更多的是利用名人的知名度，内容并未体现个人的好恶和特色。

本地自媒体通常由专业团队运作，它更能彰显地域文化特色，推广也更具指向性。

3. 持续性问题

独立的自媒体要长久生存异常艰难，毕竟在信息大爆炸的互联网时代，持续生产大部分人都认可的内容本身就很难。而这种爆炸又使得自媒体提供的内容变成缺少商业价值的内容，用户终会在接触了大量雷同的信息后产生厌倦感。

本地自媒体因为有更专业的团队运作，区域特色更明显，至少在时间、精力、内容配比上渐渐从业余化变成专业化：专业做本地自媒体。

因此，我们有理由相信，未来，整个本地自媒体生态是良性、健康发展的。

微时代红利：从最新微数据报告看微信平台的无限可能性

微信、微博、微电影、微媒体……微时代到来！

荀子说："君子生非异也，善假于物也。"

本地自媒体人要想脱颖而出，就要善于借助外物。在微时代，最好的物非微信平台莫属。下文将着重讲述的"3+2"矩阵就是基于移动互联网和微信平台，为本地自媒体人打造的"专属策略"。

微信平台的起步和发展并不算早，但其"野蛮生长"的速度令人震惊。

2016 年 6 月 21 日，在腾讯全球合作伙伴大会的分论坛上，腾讯公司微信团队首次官方发布了微信用户数据（这也是至截稿之日的最新微信数据报告）。

此次微信团队官方发布的微信用户数据要点见表 1-1。

表 1-1　微信用户数据要点总结

要　点	内　容
60%	60% 的微信用户是 15~29 岁的年轻人
20%	年轻人平均有 128 个好友，工作后好友会增加 20%
58%	使用异地通话功能的人中 58% 是年轻人
10 点	年轻人的购物高峰是早上 10 点和晚上 10 点

详细数据要点主要体现在以下几个方面。

1. 城市渗透率

如图 1-2 所示，微信在城市渗透率方面：一线城 市渗透率达到 93%；二线城市渗透率为 69%；三到五线城市的微信渗透率不到 50%，但仍然有较大的增长空间。

这也向本地自媒体人发出了一个重要信号：先把握住区域内的用户，逐渐实现以本地为核心的、向周边城市渗透的城市网络，未来依然有从本地走向全国的无限可能。

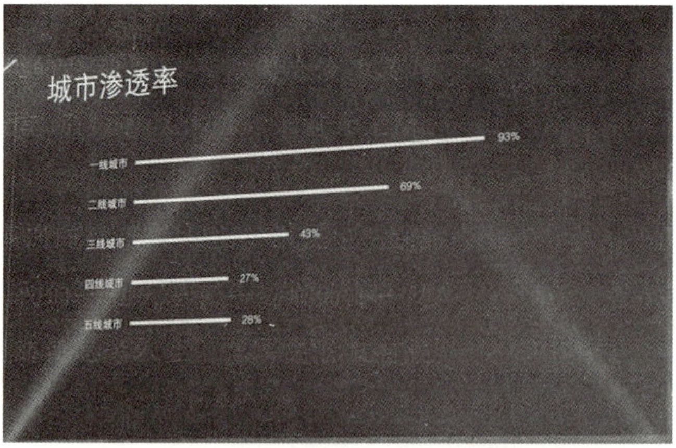

图 1-2　微信团队发布的官方数据报告截图 1

2. 用户活跃高峰

如图 1-3 所示，微信用户的活跃高峰相比 2015 年的 22 点 30 分提前到了 22 点。这为本地自媒体人更好地把握内容发布的时间提供了有力的参考。

图 1–3　微信团队发布的官方数据报告截图 2

3. 用户分类

如图 1-4 所示，在用户分类上，“90 后”爱看娱乐八卦，“80 后”喜欢国家大事，“60 后”热衷于鸡汤文化。这为本地自媒体人更好地筛选内容，进行有针对性的营销提供了可靠的依据。

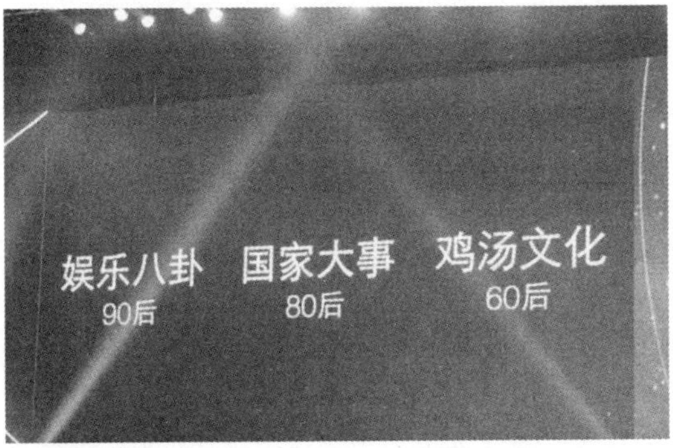

图 1–4　微信团队发布的官方数据报告截图 3

4. 典型用户

如图 1-5 所示，典型微信用户的一天是这样的，本地自媒体人可以借此更客观地了解典型用户的活动及时间表，从而制定相应的推广策略。

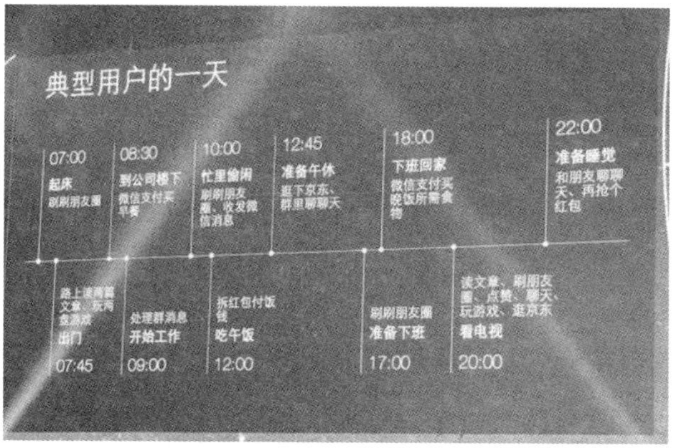

图 1–5　微信团队发布的官方数据报告截图 4

5. 用户语音通话分钟数

如图 1-6 所示，微信用户平均累计每天语音通话 280 000 000 分钟，相当于 540 年。

图 1–6　微信团队发布的官方数据报告截图 5

这给了本地自媒体人更多的提示：在发布内容时是否应该注重图文与语音相结合，对语音通话用户展开更多的需求调查，等等。

上述数据进一步印证了微信平台功能的强大，也表明了微时代红利不容小觑。有人说，微信平台已是一片红海，殊不知事物是相对的。简单来说，在微时代，无论红海还是蓝海，都是基于微信这个生态系统，其推广效果与显现出来的价值被社会普遍认可，关键在于你是否有好的策略迎接新的竞争和挑战，坐享微时代红利。

据腾讯官方 2015 年 12 月的统计：“目前已有 6 000 多家服务商从事微信开发工作，其中 80% 以上的商家为企业化运营。这预示着企业微信会往产品化、技术化的方向发展。”

我国目前经工商注册的中小企业总量为 4 200 万家左右，远不及微信平台的注册数。

通过微信平台管理用户关系、精准营销，利用微信创造更多价值已成为一种趋势。融入微信平台、打造“新生态圈”也成为越来越多本地自媒体人的共识。只不过大部分本地自媒体人还缺乏相关的人才、技术、产品以及运营技巧，以至于陷入发展停滞不前的怪圈。

不可否认的是，无论市场怎样洗牌，把握住微时代的机遇，你才会从中拥抱更多红利。

困兽犹斗：本地自媒体正面临一场大浪淘沙式的洗牌

本地自媒体的优势体现在灵活、团结、门槛低、资源丰富等，劣势则在于许多运营团队不具规模、缺乏人才等。

进入该领域早，机遇就多些。在规则不完善、用户认知水平低的情况下，往往更能抢占先机。当然，这其中也有本地自媒体人自身的努力以及资金和技术的支持。

2015年是本地自媒体的井喷之年，2016年，本地自媒体面临一场大浪淘沙似的变革，不少本地自媒体人陷入困境，就像一只被围困的野兽——挣扎着、反抗着。

困境一：难以突破的瓶颈

近几年，我国移动互联网发展迅猛，迭代步伐之快令许多本地自媒体人一方面要参与日益激烈的竞争，想办法脱颖而出；另一方面要有很深的功力、转型策略来应对互联网掀起的变化。

早在2007年，第一代iPhone问世时，大多数人都还没有意识到移动互联网的重要性，直到近几年，无论是国外的科技公司，还是国内的互联网巨头，都想方设法地抢占更多移动互联网入口的门票，并高呼"晚矣"。

很多本地自媒体人渐渐意识到，在移动互联网环境中，似乎原有的运营模式不那么有效了。原来本地自媒体常用的变现模式、收费模式如今都被打破，互联网大打免费牌，不少本地自媒体人懵了，钱从哪里来——这让很大一部分本地自媒体人陷入了困境。

羊毛出在猪身上。

事实摆在眼前，若不变革，冥顽不化地用老一套玩法，用户会快速地抛弃你，何谈变现?

困境二：靠贴片广告赢利难以实现从PC端到移动端的变道与变现

据我观察，目前很多本地自媒体的商业模式依旧是"生产内容→卖广告"。

靠图文贴片广告赢利非常有限，疲于奔命不说，还让自己走上了传统媒体与传统自媒体的老路，本地自媒体的连接价值被大大压缩。

本地自媒体服务本地用户和商家，这也是除自媒体属性外的服务属性与商业价值所在。然而，如今却成了令许多本地自媒体人头疼的问题。

其他困境

除上述两个主要难题外，本地自媒体人还面临诸多难题，见图 1-7。

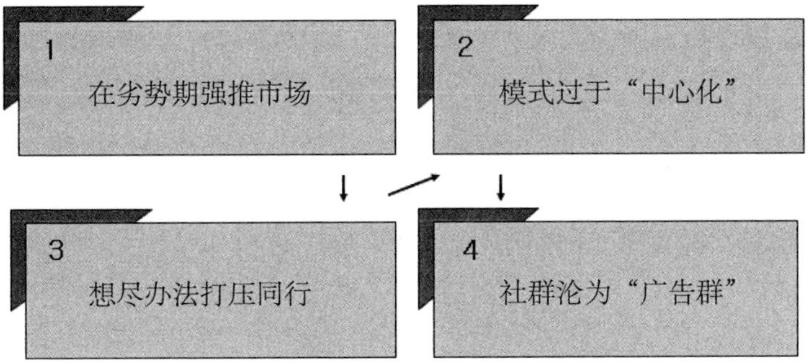

图 1-7　本地自媒体人面临的难题

（1）在劣势期强推市场

很多本地自媒体人目前处于毫无立场和主见的懵懂期。其实，做本地自媒体是一个漫长的博弈过程，许多人大难当头却不自知，非要在劣势期强推市场——结果只会死得很惨！

很多本地自媒体缺少的不只是信息发布渠道，更重要的是营销策划和执行——这是本地自媒体的核心竞争力。在现实中，基本不会有建设一个门户网站、打造一个公众号就一劳永逸的事情。

很多人问我快速吸粉的诀窍，我也听说过不少忽悠式的引流方法，但我认为最终还是会回归到专心做内容、提供价值上面。否则就算把马化腾的账号给你，也会被你迅速玩坏。

（2）模式过于“中心化”

既然是在移动互联网的大环境中生存，那么本地自媒体的未来一定是去中心化。简单来说，比起花 10 元给泛渠道，商家更愿意花 100 元给精准渠道。

未来，服务好长尾的中小商家，才能成为本地自媒体的赢家。

本书的“3+2”矩阵运营策略会告诉你如何精准地画出用户图像，真正实现精准营销。

（3）想尽办法打压同行

在同一区域内往往存在很多本地自媒体，它们中的一部分不想着如何更好地服务本地商家，却花费心力、用尽办法打压竞争对手。

结果如何呢？大家都只能在单一的运营模式下艰难求生，利润都无从谈起。

这也导致商家质疑本地自媒体的传播价值。

（4）社群沦为“广告群”

本地自媒体为了吸引更多用户，常常建立很多社群，最初采用的方式都是发红包，一发就会吸引用户疯抢，后来就沦为了“广告群”，用户陆续选择退出。

一般来说，这样的社群活跃人数不会超过 30%，500 人的群也是如此，或者说群超过 100 人后慢慢就会丧失生命力。

未来，本地自媒体人将要面临的困境远不止这些。你准备好应战了吗？

转型升级：

透视未来趋势及发展潜力，本地自媒体人何去何从

看清未来：挖掘垂直行业和地域化的价值

2016年，本地自媒体人如何面对大洗牌，如何看待新环境，如何在竞争中激流勇进？

新媒体排行榜创始人、CEO徐达内在一次公开记者采访中谈到了不少新观点，或许具有一定的借鉴意义，也能带来一些启迪。

他谈道："自媒体的价值在于垂直行业和地域化。在自媒体的世界，不乏《人民日报》《每日一读》等有实力的全国性微信公众号，但更多的是立足地方和行业的微信公众号。站在新媒体排行榜的角度，如何看待这些公众号的前景，它们在市场营销中的价值如何？其实，从广告营销的角度，价值隐藏在垂直行业和地域化的自媒体中，它们不容忽视。从广告主层面，美食、地产等广告的投放都具有很强的地域性。据新媒体排行榜分析，90%的美食广告投放、70%的地产广告投放是瞄准地域性媒体的，这也符合这类广告的投放规律。与此同时，母婴类、汽车类的广告更多地

被投放在垂直行业类自媒体。”

从徐达内的分析中可以看出，不仅是自媒体，本地自媒体的价值同样在于垂直行业和地域化，更何况地域化本身就是本地自媒体的一大特色。

在2015年自媒体去泡沫化的趋势下，挖掘垂直行业、地域化的商业价值无疑是本地自媒体未来的走向。

除此之外，还有两个重要关注点。

1. 品牌价值、投资价值和传播价值

未来，本地自媒体若要体现自身的价值，应该重点关注品牌价值和投资价值。当然还有传播价值，它主要包括阅读数、转发数等，也是衡量本地自媒体价值的重要因素。

不过，这种状况可能将逐渐改变。对本地自媒体的评价还可能往深层次拓展。例如，行业的口碑、认可度以及对相应行业的影响力。

2. 找到有效的合作平台

各自为政、单打独斗是本地自媒体井喷形成的行业现实。

本地自媒体犹如一个平台，让自媒体、当地企业能够找到自己在行业内的位置，并做出相应的策略调整。

对发展中的本地自媒体而言，渠道的价值标准由市场来决定。想打开市场，就需要一个可供资源共享的平台。我国逐渐出现了本地自媒体的合作平台。前文谈到去中心化是互联网时代的特点，但这并不意味着没有秩序。

在寻找可资源共享的合作平台时，本地自媒体应该从自身需求出发，这样才能带来持续、稳定的收益，真正形成合力，抱团取暖。

适者生存：在尘埃落定前尽早确定格局

本地自媒体的生存发展现状就像金字塔结构：塔尖是顶级的本地自

媒体，塔基是大量表现平平的本地自媒体。在互联网转型中，本地自媒体去往什么方向是一个很大的难题，也就是格局问题。

什么是格局？

拆开来看，格是指以时间为格，局是指时间格子内所做的事情以及事情的结果，合起来称为格局。不同的人在同一时间所做的事情以及事情的结果不一样，所以说，不同的人，格局不同。

要以一分为二的态度看待事情，那么本地自媒体的未来也可能是泡沫。你在做这个东西时，很可能别人也在做，你们的初衷相同。但大家都抢同一样东西，未必你抢到，你就能赚钱。大家都玩过击鼓传花的游戏，最安全的通常是最早出手的那个人，同理，赚得最多的也是最早出手的。

无论如何，本地自媒体应该尽早确定自己的格局，拓展视野，有竞争才有进步。我们没必要刻意关注竞争对手在做什么，格局放大，发挥自身优势规避缺点，以尽快突破前进路上最大的瓶颈。毕竟，适者生存是永恒的主题！

许多本地自媒体业内的朋友抱怨，自己在分析优势、劣势和机会成本后，结果并不理想，对前方的路依然感到茫然。

对本地自媒体人而言，最初的格局往往决定了最终的结局。

然而，格局不只看现在，也应该立足长远，看到未来的发展空间，包括移动互联网的爆炸式增长，以及本地社区服务的O2O模式兴起。这两个新的发展空间无疑为本地自媒体的转型提供了发展的动力。

在分析过程中，本地自媒体发展显露出四个方面的优势，而且它们是越来越稀缺的优势，见表1-2。

把四大优势整合起来，本地自媒体能够一手抓区域服务、一手抓移动互联网，高速发展。未来，本地自媒体人就可以更有针对性地确定一段时期内的格局，制定发展战略。

表 1-2　本地自媒体发展的四大优势

优　势	分　析
公信力	本地企业会因本地自媒体有很强的公信力而主动提出合作，愿意与本地自媒体分享数据，而且不需要投入很大的成本
资源整合	本地自媒体能够以比较低的成本整合一个区域、一个省、一个城市的公共资源以及政府资源
宣传推广	本地自媒体在大众品牌传播方面有爆发力，产品一旦上线，能够瞬间拥有大量用户
技术运营	本地自媒体更容易聚集内容生产和视频生产方面的优秀人才

1. 以本地生活服务为导向

本地自媒体有两大特色市场：一是新闻服务，二是城市生活服务。通过这两大特色市场就可以把受众转化为用户。因此，在入口和用户的争夺方面，本地自媒体占据了先导权、主动权和控制权。未来，本地自媒体还可以把这样的模式进行全国复制。

2. 先做入口获取更多用户

在“互联网 +”的开放平台上，本地自媒体的布局有很多都是刚需性产品，例如与衣食住行有关的产品。所以，本地自媒体最初是从天气、交通切入，所有与之相关的工具全部实时在线，帮用户做更多的增值服务，由此建立了为用户提供全面和及时的信息服务的用户群，并逐渐渗透发展到医疗、美食等行业。

确立了本地自媒体的一个入口后，就顺势拥有了自己的用户。

3. 挖掘用户更多的消费痛点

我们知道 BAT 三巨头都在全力打通城市的“最后一公里”——争夺 O2O 市场，这意味着本地自媒体人首先要找到“最后一公里”用户的消费痛点究竟在哪里，见表 1-3。

表 1-3　本地自媒体用户的消费痛点

痛　点	分　析
烦	区域越大，麻烦越多
难	凡是生活方面的难题，都是本地自媒体可挖掘的空间，比如打车难带动了打车软件的发展
贵	主要是机会成本和时间成本高
慢	城市生活节奏越来越快，用户却希望自己的节奏慢下来

基于上述这些痛点，我们通过研究用户和用户行为，可以尝试寻找解决方案，以及由这些解决方案引申出新的引爆本地自媒体的战略，我在后面的章节将着重讲述。

新的活法：在新媒体时代找到本地自媒体的生存方式

随着互联网商业化的演绎，许多表达个人立场的东西渐渐被吞噬。娱乐反而占了上风，许多辛辛苦苦撰写的评论和观点不再有人愿意看——至少不再愿意付费阅读，因为互联网上的很多内容都是免费的。

移动互联网的发展使内容表达与传播的成本更低，因此移动互联网的兴起又让一些传统的东西焕发了生机。基于此，本地化的具体因素往往会促进事情的发展。例如，移动化降低了个人表达的门槛，推送、信息流等则增加了精确送达的可能性，用户也因此更乐于表达。

然而，能否做好本地自媒体平台，关键是要看你能不能把有才华的人笼络到一起。本地自媒体的运营往往需要本地自媒体人有一定的文化积淀，而这恰恰是很多平台缺乏的。

环境是新的，竞争形态也是新的，你找到自己的新活法了吗？

想要通过转型升级找到新的活法，找到新的生存方式，本地自媒体首先要对未来的生存环境有一个初步的预判，见表 1-4。

表 1-4 关于本地自媒体未来发展的预测分析

预 测	分 析
大爆发	2016 年将是本地自媒体元年，各行业传播者面临重新洗牌的局面
格局已定	本地自媒体的渠道和格局基本已定，但垂直领域的内容与服务还有机会
角色丰富	本地自媒体人的角色更加丰富，如制片资源方、渠道运营者、创作资源方、数据服务者、商业变现者
去低俗化	去低俗化，即使是提供给草根人群的内容和服务也必须是精品，必须是良心之作，否则无法树立良好的口碑，更不能形成爆点，引爆本地自媒体
布局移动端	伴随移动互联网的快速发展，BAT 及各大本地自媒体将继续全力布局移动用户端，包括微信公众平台、门户网站 WAP 版、微博平台、App 等互联网工具层出不穷
混合式传播	信息传播从单一的文字演变为文字、图片、视频及音频等多种形式混合展示的新传播形式
体验式未来	本地自媒体将趋向深度体验和交互式体验，无论是视频技术还是视频内容，都将是本地自媒体发展的方向

对任何人、任何平台甚至发展成熟的企业来说，转型都不是易事，它往往意味着放弃很多习以为常的东西，去挑战全新的事物以及艰巨的任务。本地自媒体因本身存在区域限制，转型比较烦琐，但困难不太大。虽然本地自媒体圈内都说“船大难掉头”，但是本地自媒体的核心驱动力是影响力，只要换上合适的舵手，树立良好的口碑，转型期也就是一个磨合期而已。

那么本地自媒体这艘轮船如何驶出迷雾重重的“百慕大”呢？本地自媒体人的转型修炼见图 1-8。

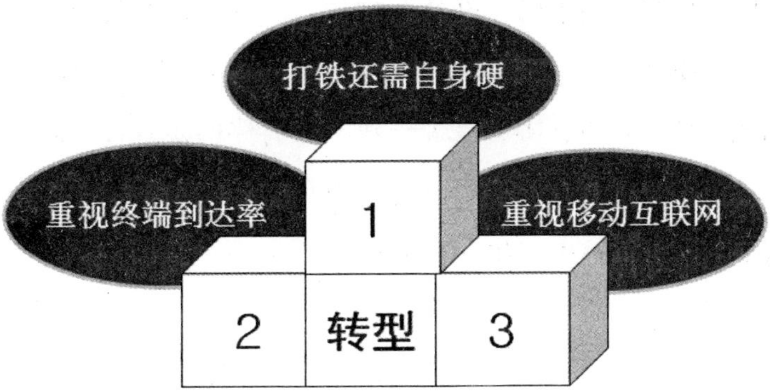

图 1-8　本地自媒体人的转型修炼

1. 打铁还需自身硬

先在本地做大做强，巩固在本地的受众优势。

本地自媒体拥有一个先天的优势，即能甄别优质内容，信息把关能力强。全国性媒体往往因没有时间及空间的限制，信息错综复杂。对用户而言，此时就突显了信息甄别的重要性，本地自媒体的首要作用就是甄选符合当地用户需求的信息。

2. 重视终端到达率

终端到达率是指终端信息传播媒介到达和使用的数字比例，也就是本地自媒体发布的信息最终到达用户和最终用户接收、采用信息的比例。

本地自媒体的终端到达率越高，用户数量越可观。终端到达率受到本地自媒体发布优质内容的数量、信息阅读率及受众满意度等指标的影响。

3. 重视移动互联网

“互联网 +”时代，新媒体形式层出不穷。本地自媒体要重视移动互联网时代的舆论矩阵体系，重视与移动互联网的深度融合，打造全媒体矩阵平台，涉及但不仅限于门户网站、微信、App 等网络渠道。

当然，全媒体矩阵平台需要基于用户关系进行周密的部署和分层管理，包括以内容、活动、协调性等搭建一个有序的多媒体矩阵。

在后续章节中，我还会详细讲述本地自媒体该如何磨快自己的“刀”，在被竞争者包围的荆棘中走出一条康庄大道。

第二章

如何玩转本地自媒体

——引爆本地自媒体的“3+2”矩阵策略

本地自媒体的优势在于它可以深度渗透本地商户以及用户，在商户和用户之间架起一座桥梁。这座桥梁的桥墩叫信任，做本地自媒体，最重要的是建立起信任，这样才有利于日后的发展并实现盈利。

本地自媒体公众号如果想做起来，其实一个月就能实现，但是它一定没有灵魂，跟用户之间缺少联系，所以真正运营一个成熟的本地自媒体公众号至少需要一年时间。只有足够的时间，你才可以跟用户之间建立更多的联系，你们之间才会不可割舍。

本章提出的引爆本地自媒体的“3+2”矩阵策略——“本地公众号、个人微信号、本地社群、线下活动、电商”排兵布阵，无疑是本地自媒体人“革命的本钱”。

初步掌握“3+2”矩阵策略是实现从本地困兽到第一本地自媒体华丽转型的开始！

模式转型：踏上第一本地自媒体修炼之路

作为本地自媒体，你必须快马加鞭，抢在竞争对手之前占据当地的资源和市场，每个城市公众号如果想成为当地最具影响力的自媒体，要经受住市场、能力、口碑和资本的考验，同时接受受众的审视及行业的洗礼。

你更应该清楚，你未来的市场在哪里。以市场为导向，到有鱼的地方去钓鱼，到有市场的地方去传播。

对本地自媒体而言，用户是根本，那么就去有用户基础的地方传播，目标用户在哪儿，你的内容就应该投放到哪儿。

进入2016年，很多本地自媒体人惊恐地发现，自己的运营模式和营销模式已经跟不上时代的步伐，并且对最新的商业模式感到迷茫，或是一知半解不得其精髓，因此完全不知道下一步该怎么做。

当曾经与自己的实力旗鼓相当的对手在转型过程中隐隐将成为行业领导者时，你才发现自己曾不屑一顾的转型迫在眉睫。本地自媒体只有持续加速奔跑才能赶上时代发展的脚步，乘上时代的东风，华丽转身。

用户导向："用户触达"与"垂直细分"，每个粉丝都是推销员

简单来说，以用户为导向就是以用户为中心的一种推广方式。

其核心是以用户的客观需求为中心，设计、推广自己的产品，同时以用户的潜在需求为导向加入未来的推广战略。就本地自媒体而言，以用户为导向的要点有两个：

其一，触达，即本地自媒体覆盖的、最终抵达的用户数是多少；

其二，根据具体数据开拓更多垂直细分领域。

海尔30余年来进行的多次变革无一不是基于用户这一出发点来考量的，“以用户为核心”甚至已经成为渗入海尔血脉的基因。海尔在转型过程中对用户的把握就值得本地自媒体人借鉴。

海尔的呼叫中心无疑是离用户最近的前哨，因此，海尔要完成互联网转型从呼叫中心入手无疑是不二之选。海尔改造和升级呼叫中心，将传统呼叫中心成功转型为用户交互体验中心。借助这个平台打通了用户与企业、用户与用户之间的交互渠道，海尔内部的生产、研发、物流、销售等部门也因此逐渐消除了隔阂。

用户可以通过微博、微信以语音、图片、图像等多种形式反馈任何关于海尔的信息和意见，这些信息和意见都会被实时抓取到海尔自媒体交互平台上，并通过平台系统的大数据进行整合处理，最后根据不同类别的分析结果传递到相应的部门，各部门则会依据用户合理的要求和建议改进产品。

这个平台不可小觑，因为它的存在解决了多个用户问题：首先，原来用户需要反复描述自己遇到的难题，目前这一状况得以解决，并且效果明显；其次，实现了多媒体的交互，打破了原来咨询或售后只能通过门店或电话的单一形式；最后，实现了用户与企业间的实时沟通，企业能够更加及时准确地接收反馈。

但是，在信息爆炸、用户主导、一切透明的用户主权时代，如果本地自媒体提供的体验或服务不是最好的、最优秀的，恐怕在市场中挣扎的你很快就会丧失生存下去的资格。

过去，一切事情都由本地自媒体的运营者来决定。而现在，一切事情皆由用户自己决定。他们拥有最终决定权，本地自媒体所做的一切事情都应以用户为中心来考虑，并对用户提出的所有问题都做到快速反应解决。

用户原创内容（UGC）是以用户信息交流与融合为特点的垂直模式媒体平台，其功能在于为用户创造更有效率的信息咨询获取以及相互间的交流互动。UGC 平台极为强调个性化和交互性，用户在其中既是内容的获取者，又可以充当传播者和创造者。可以说，UGC 让平台上的粉丝用户成为自己的免费推销员！

如今，这即便在传统本地自媒体人看来也不是多么不可思议的事。

随着移动互联网的发展，形式多样的移动终端（iPad、智能手机等）极大地满足了用户日益迫切的交互需求，并使人们的感知能力打破了自身的限制。可以预见，随着更多、更先进的智能可穿戴设备的推出，人们的感知能力必将进一步提升。本地自媒体也要随着不断升级的智能可穿戴设备，在应用上更多地帮助人们提升感知能力、拓展范围，将更多的不可能变为可能。

效率导向：不断试错，但不代表可以无限地砸钱

“互联网 +”时代的本地自媒体具备传播效率高、速度快、范围广以及成本低的特点，因此毫无疑问地成为企业营销推广的绝佳平台。但是，即便未来前景光明，本地自媒体人也不能置效率于不顾。试错确实必不可少，但是试错不代表可以无限地砸钱。所谓效率导向，就是要在运营期

间注重商业效率，即利润。在烧钱的“互联网 +”时代做到“知媒善用”，才能事半功倍。

那么如何利用本地自媒体的特征使价值最大化呢？

本地自媒体极大消除了传播边界，也为传播中心遍布的局面带来了放大事件效应的必然结果。本地自媒体运营者应该研究其传播规律，提高运营效率。

1. 掌握目标用户的信息

精准定位目标用户是实现价值变现的核心部分，本地自媒体平台上的用户群体普遍存在一定的差异性，这就需要通过多种途径掌握不同用户的多种生活方式、兴趣爱好、消费需求、关注点等特征。

本地自媒体掌握的用户数据越多，在产品与服务设计上越容易展现亮点，也唯有这样才能引爆本地自媒体。

2. 创造可视化的内容

内容的重要性不言而喻，适度的、合理的图片、视频与文本相结合可以增强本地自媒体平台上内容的可读性。而且，与纯文本内容相比，加入图片和视频等可视化元素，能提升用户的情感体验，利于激发用户的互动欲望，从而为产品设计提供充足的、宝贵的用户评论数据。

3. 增强认同感与归属感

获取用户后，并不代表用户就会持续关注你，一个人往往同时关注多个公众号，而他们重点关注的公众号通常只有两三个。

本地自媒体人应该认识到本地自媒体是一个偏向掌握潜在用户动态信息的公众平台，要尽量保持与用户之间的实时互动，而不应向用户提出过多的要求。这样才能增强用户对本地自媒体的认同感与归属感，与用户之间建立相互信任并协同发展的融洽关系，最终实现与用户的价值共创。

4. 制定并执行发展战略

进行本地自媒体营销也需要制定相应的可持续发展战略，要使各项工作能够严格按照规章制度持续稳定地运行。强化团队意识，使所有运营者为了共同的愿景与目标一起努力、进步。由营销管理人员在本地自媒体平台实时发布优质内容，保持最大程度的用户黏性，进而沉淀大量的忠实用户。

5. 保持足够的耐心

运营本地自媒体需要长期的积累才能见到一定的成效，这个阶段有时甚至长达几年，因此你需要保持足够的耐心，毕竟本地自媒体运营战略的实践需要长时间的努力作为依托，真正的壮举向来只属于那些为之痴迷和奋斗的坚持者。

策略升级："3+2"矩阵排兵布阵

矩阵 1：本地公众号谋定后动

2016 年新年伊始，腾讯公司公布了《2016 年业绩报告》，报告显示：

> 微信覆盖 90% 以上的智能手机，并成为人们生活中不可或缺的日常使用工具。截至 2016 年第一季度末，微信每月活跃用户已达到 5.49 亿，用户覆盖 200 多个国家，使用语言超过 20 种。此外，各品牌的微信公众号总数已经超过 800 万个，移动应用对接数量超过 85 000 个，微信支付用户数量达到 4 亿左右。

由此可见，微信已不只是一个颇具创新力的手机应用，它更是中国电子革命的代表。为此，"3+2"矩阵第一策略便是玩转本地公众号，一剑封喉。

微信公众平台分成服务号、订阅号和企业号三类，见图 2-1。

服务号

给企业和组织提供更强大的业务服务与用户管理能力，帮助企业快速构建全新的公众号服务平台

订阅号

为媒体和个人提供一种新的信息传播方式，构建与读者之间的沟通与管理模式

企业号

为企业或组织提供移动应用入口，帮助企业建立与员工、上下游供应链及企业应用间的连接

图 2–1　基于微信公众平台的本地服务号、订阅号、企业号

在申请注册本地自媒体公众号时，一定要根据自身需求慎重选择开通哪种类型的账号，一经申请就不可更改。三种类型公众号的特点、适用用户和功能见表 2-1、表 2-2 和表 2-3。

（1）服务号

服务号旨在为用户提供服务。

表 2–1　微信公众平台服务号

特　点	群发的消息仍显示在聊天列表里，下发消息即时通知给用户。每月可群发 4 条消息给用户
适用用户	适合银行等企业用户，主要给粉丝提供服务的用户
功　能	每个月可向用户发送 4 条群消息
	发送给用户的消息会显示在对方的聊天列表里
	服务号会显示在订阅用户（粉丝）的通讯录中
	服务号可申请自定义菜单

（2）订阅号

订阅号旨在为用户提供信息和资讯。

表 2-2　微信公众平台订阅号

特　　点	群发消息收藏到订阅号的文件夹，但群发消息不会提示推送。每天可向用户 1 次推送 1~8 条图文信息
适用用户	比较适合媒体用户（如央视新闻），主要给粉丝提供资讯、信息的用户
功　　能	每天可向用户发送 1 条群消息
	发送给用户的消息会显示在对方的“订阅号”文件夹中
	在订阅用户的通讯录里，订阅号会被放入订阅号的文件夹里
	订阅号认证后可申请自定义菜单（个人类型除外）

（3）企业号

企业号是连接企业的另一种可能，是微信为企业用户提供的移动应用入口。

表 2-3　微信公众平台企业号

特　　点	发送次数不受限制，信息的传播达到了最大化。一个微信企业号可配置多个类似服务号的应用。只有企业通讯录成员才能关注
适用用户	中小企业、政府及事业单位、社会化组织
功　　能	每天可向用户发送多条消息，发送次数不受限制
	关注更安全，应用可配置
	可使用微信原生的拍照、扫码、开放平台的语音识别、图像识别的接口与服务、微信支付、企业红包接口等功能，实现移动化办公
	可将现有系统接入微信企业号，既保留用户 PC 端使用习惯，又快速实现企业应用移动化

1. 谋定后动：选择服务号、订阅号还是企业号

在申请微信公众号时，选择服务号、订阅号还是企业号呢?

首先，你需要对自己的需求有一个清晰的认识，你的公众号是以推送为主还是以服务为主。目前来看，企业号的局限性在于只有企业通讯录成员才能关注（目的是确保企业信息安全），主要作用是帮助企业实现移动化办公。对本地自媒体人而言，比较好的选择是订阅号和服务号（服务号主要是给订阅号提供相关技术服务）。

本地公众号要通过“1+2+N”做成公众号矩阵。其中，“1”指的是一个服务号，服务号的作用在于给订阅号提供功能支持；“2”指的是两个综合性质的订阅号，之所以要两个，是因为万一有一个订阅号不慎触犯微信官方的规则被封号，运营方还有另一个订阅号维持运转；“N”指的是多个垂直行业（专业）的订阅号，例如“家装”“美食”“亲子教育”，N个垂直行业（专业）号与综合订阅号资源共享、互相促进。

现在各种各样的公众号层出不穷，几乎每个能写点儿文章的人都有一个公众号，用户在公众号的信息轰炸下心生厌烦，很多人开始删除那些大而全的公众号，转而关注自己感兴趣的细分行业公众号。运营方可以在细分行业公众号上做精准化营销，比如本地房地产号，虽然流量不多，但是在租售房子方面有很好的效果。

本地自媒体有了“1+2+N”这个矩阵，能吸引更多不同兴趣爱好的人，使其产生很强的归属感。但细分行业的用户数量不多，因此必须至少拥有一个综合性大号（另一个作为主账号时的备用）。

“1+2+N”矩阵还有一个好处：这是一张严密的网，随便哪个媒体出现问题，其他媒体都可以迅速提供支持。例如，若综合性主账号被封，N个行业订阅号可以快速导流用户到备用的综合性订阅号。这意味着资源始终最大限度地把握在自己手里。

2. 定位：让你的用户能够找到你

怎样才能让用户在一堆昵称大同小异的公众号里“看上”你？这本质上是一次重新定位、优化的过程。

定位的目的是让你的用户能够按照他的思维逻辑找到你。如果你的定位不是十分清晰，不妨回到初始状态，问问自己：我的本地自媒体公众号是用来做什么的？营销、客服，还是提升产品销量？

公众号的本质是传播信息，而所有传播都是基于与用户的互动。如果你的公众号没有任何传播性或者传播力度太小，不管你想通过公众号获得什么结果，都很难达成。我们可以通过以下几点观察和分析微信公众号的营销效果，见表 2-4。

表 2-4　微信公众号的营销效果可能性分析

分　　析	描　　述
流失率	公众号不允许主动添加好友，但公众号的好友可以随时取消对你的关注。这就会导致“掉粉”的状况，我们称之为“流失率”。“吸引 1 个新用户的成本是留住 1 个老用户的 15 倍”，这样看来，流失 1 个用户都是极大的损失，所以流失率也是考评微信运营的重要指标
好评率	好评率、反馈率、分享率等也可以作为参照指标，针对公众号实际营销的区别，选择适合的指标，可以有效地评估营销行为
转化率	从线下关注到线上消费，或从线上关注到线下消费，每一次从好友到用户的转化都是考评营销效果的关键指标
粉丝数	与微博不同，微信公众号的粉丝具有精准性，且每个粉丝都来之不易。因此粉丝数是第一指标，它决定了传播的最终效果
传播率	理论上，微信传播的到达率为 100%，但是要实现传播效果最大化，就要通过精准定位诱发传播，这一点极难实现，所以最大化微信的传播率并不容易

完成上述定位过程后，思考以下几个问题有助于公众号的正确定位：

- 你想让公众号帮你做什么——营销目的是什么？
- 你的公众号能为用户做什么——能带来什么价值？
- 你的公众号有何独特之处——有什么特色？
- 你的用户凭什么选择你——卖点是什么？
- 你的用户偏好、关注点与你的公众号是否匹配——能否与用户需求对接？
- 你想提供怎样的便捷服务让用户依赖你——如何进行自我完善？

你要始终坚持通过对上述问题的分析得出结论。当然，你可以在实际运营公众号的过程中及时做出调整。定位之后需要做的事见表 2-5。

表 2-5　定位之后需要做的事情

步　骤	描　述
第一步	取一个好听的、容易让人记住的名字，确定后最好不要更改（一个自然年可修改一次，企业公众号每认证一次可改一次名）
第二步	取一个英文名或拼音，以后推广时要向不懂英文的人刻意说明，不要为难用户。一旦确定就无法更改，若还没想好可以先不改名字，且不允许重名
第三步	找专业人士设计 LOGO，并且确保在 1 平方厘米大小的情况下也能清晰可见，并且醒目、易识别，不用追求完美，让人过目不忘才最重要

自 2016 年 4 月起，微信公众号的“命名唯一”原则从过去的认证账号扩大到更多账号。当新注册账号输入的名字与平台内已有名称重复时，

会出现红色文字提示 :“基于账号名称唯一原则，请重新提交一个新名称。如果你认为已有名称侵犯了你的合法权益，可以进行侵权投诉。”除了新注册账号，申请认证的账号同样要求执行“命名唯一”原则。

3. 如何打造“高大上”的本地自媒体

如今，微信公众号以百万、千万计，微信的价值和公众号的影响力可想而知，但公众号的质量也存在参差不齐的问题。

怎样才能让你运营的本地公众号看起来更“高大上”？有五点需要注意，如图 2-2。

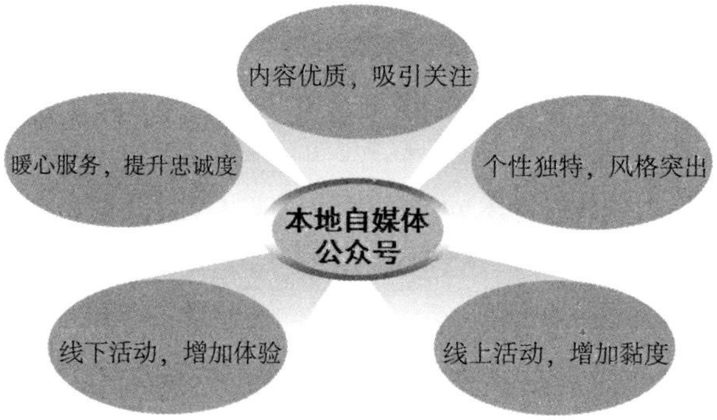

图 2-2　本地自媒体公众号“高大上”养成术

（1）个性独特，风格突出

一个“高大上”的本地自媒体公众号必须有自己独特的个性。首先要清楚自己的品牌特征，要给用户留下什么印象。这与前期的定位并不冲突。

（2）线上活动，增加黏性

本地自媒体公众号虽是 B2C 模式，但账号可以向用户发送语音问候、图文杂志、趣味游戏，增加互动，促进用户分享。目前，许多看似“讨巧”的集赞活动对品牌有一定影响力，但如果满大街都是“集赞”，你的品牌也就要淹没在人海了。

（3）线下活动，增加体验

做本地自媒体，线下活动必不可少。首先，线上聊千次，不如线下见一面。做线下活动能够快速打造本地自媒体的品牌，提高关注度与认可度。其次，线下活动可以聚集粉丝、培养忠实粉丝。每次线下活动中，都能够发现优质用户，由此培养与发展他成为核心用户。最后，线下活动可以盈利。比如向商场等主办方收费，收取冠名商和赞助商的相关费用。

因此，本地自媒体举办的小型线下活动多多益善，如 KTV 唱歌、烧烤、爬山、篮球赛、8 分钟约会。举办此类小型活动的成本低，也有助于为公众号的原创内容提供素材。

需要特别说明的是：在举办大型线下活动时，应注意维护的人手问题。比如当活动参与者成千上万时，举办方的维护人力显然不够，有人选择找兼职人员应对，但这并非最佳方法，兼职人员并不一定了解活动的内容和意义，而且难免存在责任心不强的问题。我建议充分调动核心用户参与。以我举办过的“万人帐篷节”为例，活动里的很多工作人员都是我们的核心用户，他们了解这个活动，也热心于此，因此投入的精力甚至比我们自己的工作人员还多。此外，核心用户参与进来的好处还在于他们会利用人脉拓展用户并维护与用户之间的关系。

（4）暖心服务，提升忠诚度

微信作为新技术，本地自媒体人能更好地对用户进行一对一定制服务。如自定义菜单栏目、增设客服等核心功能。服务越多，用户越容易产生依赖心理，对品牌就越忠诚。

（5）原创为王，内容致胜

在原创为王的时代，将自己打造得与众不同，才能在竞争中独善其身。

微信是一个封闭的自媒体，难以靠一个人的原创力量成就微信大号（网络小说作家除外）。如今，虽然以原创为卖点的微信订阅号数量很少，但毕竟还有一部分人在坚持。有原创能力的订阅号，或者目的本就是吸引那些喜欢读原创的粉丝的账号，与其复制，不如努力做一个优秀的原创微信账号。就算不能确保篇篇内容都是精品，但至少在品牌度、用户黏性上有其特殊的作用。也只有这样，你的公众号才会变得与众不同。基于无锡生活网本地门户网站的公众号“无锡生活网”就是个很好的例子，见图2-3、图2-4和表2-6。

图 2–3 “无锡生活网”本地门户网站官方截图

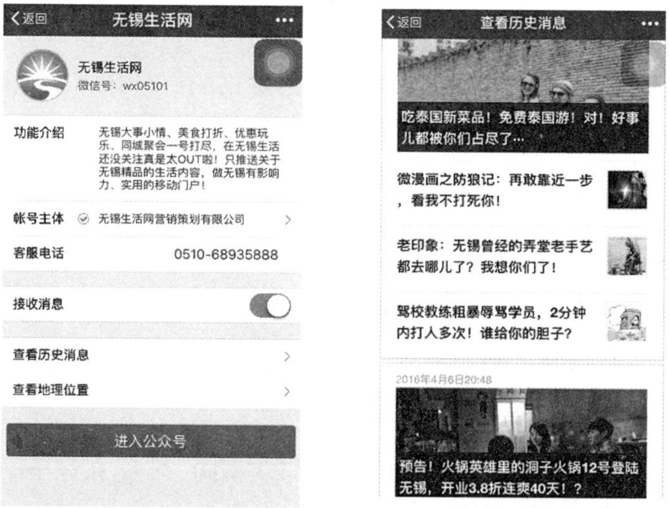

a）　　　　　　　　　　b）

图 2–4 “无锡生活网”微信公众号截图

表 2-6　公众号“无锡生活网”保持原创性的关键策略

策　　略	描　　述
拥有独到的观点	文章不可千篇一律，否则很难留住用户和访客，抄袭和模仿他人，最终会慢慢失去用户。不妨融入自己独到的观点，这就要求本地自媒体人认真写好每一篇文章，不可敷衍了事，要数量，更要质量。而且必须透彻了解某个领域，否则很难写出像样的文章。本地自媒体人要做到这一点，只能是日积月累地了解行业，让自己慢慢变得更加专业
兴趣是原动力	选择用户感兴趣的话题是关键。不宜跟风，不妨另辟蹊径，写一些生活中用户可能更感兴趣的话题。例如某电影热映，可以借此机会写影评，这样也能获得不少流量和粉丝，不过要及时更新最近上映的热门电影
有独特的风格	本地自媒体大军逐步壮大，同样主题的自媒体非常多，如何形成自己的自媒体风格？面对大量的竞争对手，必须让自己的文章有特点，不然很快会淹没在互联网世界里。2016 年仍将出现很多新的本地自媒体人，在运营自媒体之前先摆正自己的心态，这是一个长久坚持的过程

矩阵 2：通过个人微信号打造意见领袖

在你的本地自媒体矩阵中，与细分公众号相呼应的个人微信号不可或缺，如本地房产公众号需要与之相关的个人微信号作为并肩作战的武器。个人微信号的朋友圈维护成本很高，但是维护好的朋友圈可以产生巨大的影响力。那些公司化运营本地自媒体的运营者可以让负责相关版块的编辑兼运营个人微信号。

运营个人微信号并不是玩票性质，而是公众号的重要补充，它俩甚至可谓黄金搭档。如果说本地公众号是本地自媒体属性，那么个人微信号就是意见领袖属性。“意见领袖”是互联网传播最重要的节点，要让你的个人微信号成为用户在某一细分领域的意见领袖，如房产、汽车、美容、美食，从而起到聚沙成塔的效应。

那么应该如何打造个人微信号呢？

首先，要有温度，有传播力。这些个人微信号需要具有清晰的人格化标签，给人的感觉是面对一个活生生的“人”，而不是冷冰冰的“公司”。因此，个人微信号的名字要易于传播，头像一定要真实（可以是公司编辑），还要有温度、有态度，能输出明确的价值观。

个人微信号要多与粉丝互动，以获得粉丝的认同与好感。这就需要多点赞、用心评论朋友圈、组织线下见面，以及做好朋友圈的维护和运营。

需要强调的是，运营方要多备一些个人微信号。根据经验来看，虽然微信好友的上线是 5 000 人，但是当个人好友超过 2 500 人时，腾讯会随机让部分人看不到该个人微信号的朋友圈。因此，好友数量应尽可能地控制在 2 500 人以下，其他人可以分散到其他个人微信号里。

矩阵 3：社群运营强强联合，抱团打天下

公众号的红利期正在消退，随之而来的是社群这个大商机。因此，要想在 2017 年引爆本地自媒体，社群生态的构建是关键。

如前文所述，本地自媒体的公众号不是一两个，而是“1+2+N”的矩阵，也说过个人微信号也应该有多个，因此，社群自然而然也是多个形成的矩阵。当然，这需要足够的人手进行社群维护。

前期人手不够的情况下，可建立 5 个以内质量较高的社群。了解流程与规则之后，再横向打造其他社群，或通过社群核心用户实现衍生社群裂变。

“人以类聚，物以群分”，我们所处的时代已经逐渐演变为社群时代，即平台对接、资源共享、联动营销。每个人过去的圈子或人脉都不能单纯地称为社群，这是一门极其复杂的学科，它意味着关注点不是事物本身，而是事物之间的关系。简单来说，社群是一群人的集合，这群人有明显且共同的社交属性（共同的爱好、共同的偶像抑或共同的家乡……）。

2015 年 8 月 6 日，中国互联网移动社群大会在北京召开。

知名财经作家吴晓波在大会上分享了他做社群运营的心得体会：“社群是互联网送来的最好的服务。从一个公众号做到一个社群，最重要的是有价值观，以及双向交互的价值认同感。”

未来，社群会不断壮大——从一个群组生成另一个群组，而群组之间会有更多的互动、信息同步，从而打破信息孤岛。

打造本地社群有两个关键点：一是做有态度的内容，从而聚集人气，引起共鸣；二是做圈层化互动，让社群进行大规模的互动，可以帮助微商及时反馈价值。

在共享中互利，每个社群成员都是贡献者，也是获利者。通过共享和互利，社群才能持久存在。为此，我们应打造专业社群。只有社群才能提高用户黏性、聚集人气。打造专业社群的建议见图 2-5。

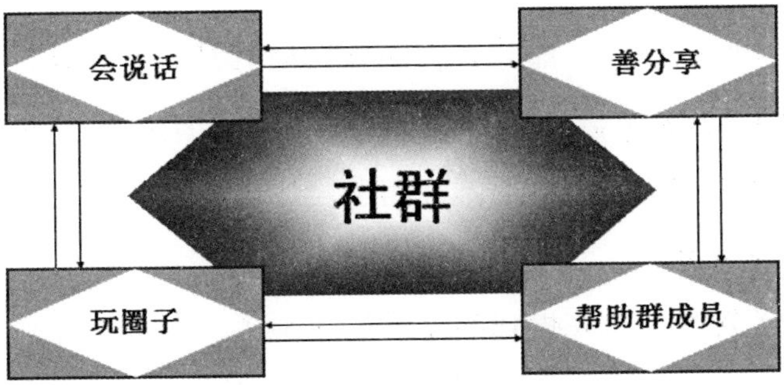

图 2-5　打造专业社群的些许建议

1. 会说话

现实生活中，不善于表达的人很难招人喜欢。互联网上同样如此，会说话的人总能赢得别人的好感，会夸人未必就是虚伪，也可以是一门艺术。

很多人会说不喜欢那些不停夸赞别人的人，觉得他们很虚伪。殊不知，他们这样说，别人也未必会喜欢他们。

凡事有度，说好话和夸人要懂得把握好这个度，太过和太假都是禁忌。比如，说好话和会说好话就是两回事，会说好话的人说出的话得体悦耳，又不会轻易得罪人。

2. 善分享

通常在一个属性群里，大多数人的价值观都是趋同的。比如大家都想做本地自媒体公众号，如果你能在群里分享“如何加粉”“产品广告以何种方式发布到朋友圈”等内容，相信很多人一定会赞赏你、信任你。一些人还会主动加你，甚至在自己的朋友圈分享你的经验。

学会分享，让他人看到你的价值是在社群“如鱼得水”最有效的办法。另外，在分享之前，要尽量和群主打好招呼，如果让群主加入支持你的行列，效果更显著。

3. 玩圈子

圈子是社群组成的一部分，它能够把拥有共同爱好或特征的人聚集在一起。是圈子就必然会被贴上标签，例如“创业者圈子”“吃货圈子”“书友圈子”。社群要做得出众，离不开圈子。

4. 帮助群成员

一些人遇到困难首先想到的是求助于他人，却从不在他人有难时伸出援手。

如果你的微信通讯录中有上千活跃度较高的好友，并且你能够把他们推荐给别人，让他们相互之间都成为好友，那么你帮助过的人自然也会在他的圈子里推荐你，互通有无形成互相宣传的效应，这种良性的互动也能够得到大家一致的认可和尊重。

不要吝啬为群内的人答疑解惑，以良好的心态帮助别人，结交朋友。有大量的好友为你推广，最终能成就一个更大的社群。

矩阵 4：线下活动推广打通全渠道营销

移动互联网时代，做本地自媒体如果不具备大量的线上资金，锁定线下的推广活动同样是打通全渠道营销的好办法！但是曾有微友给我留言说：拉到了一个商家的赞助，却不知道该做什么活动！有资源、没人赞助很悲哀，而有了赞助不知道该做什么也很痛苦！

如果将“罗辑思维”看作大型自媒体运营商，它所处的商圈、与粉丝间的线上互动以及一系列线下活动就是一个强大的营销通道。

其实，线下活动很简单，比起传统营销活动，形式新颖的促销活动优势在于不需要聘用和派出大量的促销员。

> 比如在某大学校园内，各个角落突然出现了很多醒目的海报，这些海报设计精美、图案生动，文字内容明确地告诉来往人群：只要即刻关注某运动功能饮料的官方微信公众号，就可以以1元的价格购买原价3元的饮料。很多人被海报的内容吸引，纷纷掏出手机扫描海报上的微信二维码，关注这款饮料的官方微信公众号，以取得优惠购买资格。

除了张贴海报，商家不用做更多的促销活动，但其产生的影响和实效即便是一些线上活动也无法实现。促销可以在有效减少库存和拉动业绩的同时，帮助企业进一步扩大产品和品牌的影响力与号召力。同时，既能维护与老用户的关系，又能获取新用户。

相比较而言，街头推荐、有奖购物、文娱演出等传统促销方法已经无法促使用户产生浓厚的兴趣和购买冲动。添加微信号等用户可以主动选择的方式，更容易让用户感受到自己手中握有主动权，并随之产生积极的动力。本地自媒体结合线下活动进行推广，能够通过线上线下的相互配合和互动，更好地将技术优势展现出来，获取更多的便利和回报。而且能够规避传统促销活动花费时间多、精力分散、周期长的缺陷，利用近乎免费的网络资源，极大地提升促销效率，促销影响更广泛。移动互联网时代的线下活动要做到以下两点。

1. 定位要长远

本地自媒体的特点在于平台与用户可以进行多种形式的精确沟通，不容易出现受众面较窄的问题。

因此，线下活动的定位应该更长远，并利用本地自媒体为活动造势。充分应用本地自媒体传播线下活动，推广效果才会显现。

2. 线下活动配合线上持续互动

线下活动最容易出现的问题就是时效性短。例如，用户在本地自媒体的线下活动中充满好奇地加了公众号，活动结束后却发现除了一些推广内容，根本没有任何互动，那么这样的线下活动无疑与商家传统的街头一次性促销毫无区别。

事实上，线下活动结束之后，本地自媒体人与用户之间的沟通和了解才刚刚开始。本地自媒体平台以用户满意度调查以及用户意见搜集等互动形式，可以充分维持整个线下活动的影响，并为日后定期向用户推送他们关注的信息奠定基础。这样，线下活动的影响也将因持续的互动而不断发酵。

矩阵 5：玩转电商共同掀起移动互联网革命

移动互联网的发展使人们的生活方式发生了翻天覆地的变化，上网、阅读、聊天、购物等一系列原来使用 PC 端的日常活动都渐渐转移到了智能手机等移动网络用户端。手机早已不再单纯作为通信工具来使用，它甚至成为人们日常生活中不可或缺的一部分。

阿里巴巴在互联网时代几乎独霸了整个支付市场，进入移动互联网时代后，伴随着微信的崛起，尤其是在微信开通了支付功能后，阿里巴巴的独霸式商业格局逐渐被打破，微信的发展前景也被越来越多的人看好。

本地自媒体的最大金库是做本地电商，但是做本地电商并非简单注册一个微店就可以，本地公众号需要积累足够的粉丝，社群人数也需要达到一定的数量。只有在本地公众号、个人微信号、社群、线下活动四个领域都做好，发展本地电商才能水到渠成。对初涉本地电商业务的本地自媒体来说，前期需要找一两个爆品实现破局，比如车厘子，当车厘子这样的单品成为爆品，那么可以顺势而为考虑做水果品类电商。“无锡生活网”按照这个思路做了一个水果店，第一天充值金额就达到了 20 万元，可谓一鸣惊人。

随着微信功能的不断完善，任何人都可在微信公众平台上开店，通过微信支付收付款。从特性方面看，它相当于另一个淘宝。

可以说，微信的崛起已然在改变整个中国的商业格局，越来越多的企业开启对微信公众平台的布局，纷纷构建起了自己的微信公众号。它们在经营的过程中也面临很多问题，比如“怎样吸引用户关注、增加粉丝量”“如何为企业创作有亮点的营销文案”“如何设计微信商业模式”“如何经营自媒体（本地自媒体）”。

正如狄更斯的《双城记》中的那句话：“这是最好的时代，也是最坏的时代。”目前，微信上的电商生存状态可谓好坏参半；未来，基于微信等本地自媒体形式的电商平台的竞争只会更加激烈，越来越多的竞争者将逐渐呈现多元化发展趋势。

对此，本地自媒体人和电商至少需要在以下几个方面做好准备。

1. 正确认识自己

正确认识自己是做本地自媒体的第一步，自大的错误观念最不可取。有些人管理着成百上千名员工，没有人敢反驳他的决定，这往往会造成自己能力超强的错觉，或者觉得自己有丰富的工作经验，根本不需要再学习。

然而，在瞬息万变的移动互联网时代，微小的失误都有可能葬送一家企业，并且没有任何人永远正确。

因此，切记不要妄自尊大、盲目冒进，要放低姿态充电学习，否则最终必定被市场淘汰。

2. 打破固有思维

转换思维模式是做本地自媒体的第二步准备，要以用户至上并努力为用户创造价值为核心。只有重视用户的感受和体验，才能吸引更多粉丝。

同时，要正确认识本地自媒体运营，它不单是注册一个网站、一个公众号那么简单，需要本地自媒体人投入大量的时间，注入足够的精力或资金，等到本地自媒体平台的曝光率达到一定程度时，再利用其宣传企业自身的产品或服务。

3. 保持团队协作

虽然不少企业很重视本地自媒体运营，却没有指派专业人员负责平台日常的运营和维护，以及与用户的互动。

企业在做本地自媒体运营时，要发挥团队的作用，可以为团队设定一个确切的目标，使其为之共同努力，并且在初期投入相当的人力、物力，合理配置资源。设置专门的本地自媒体运营部门，推广、运营、策划等都需要专人负责。这样，企业的本地自媒体平台往往可以在短时间内吸引一批用户关注。

4. 依靠渠道推广

依靠渠道推广可以保持关注量，增加粉丝量。在做本地自媒体运营时，要充分、灵活地利用各种资源，比如借助本地论坛、本地知名微博传播推广。无论是免费的还是付费的资源，只要能提高曝光率，就应该去尝试。

5. 布局新电商

随着越来越多移动互联网终端进入人们的生活，移动化、人际化才是本地自媒体运营的发展方向。而在打通移动互联网构建的电商关系链方面，企业则需要在微博、微信等平台布局，实现最大限度地扩展推广渠道，最终实现粉丝经济。

第三章

提升本地自媒体战斗力

——“3+2”矩阵策略之本地公众号运营

我曾经和许多初来乍到的本地自媒体人一样，认为严格意义上的本地自媒体只需要做好策划、写好文章。至于运营，那是企业公众号的事。

渐渐地，我意识到自己的想法错了。

上千万个微信公众号，用户为什么要关注你?

浩瀚如烟的网络世界，用户如何才能发现你?

说到底，还是精心设计和专业运营的结果。更准确地说，是运营。

如何运营?

这也是本书的重点——“3+2”矩阵策略。

首先，我们就从公众号运营说起。

公众号设计：
让你的本地自媒体账号“活”起来

运营：做好一个本地公众号没那么简单

注册一个公众号容易，运营起来却没那么简单。近几年，许多本地自媒体人成了不折不扣的创业者，大多数做得不错的公众号也渐渐采用团队正规化运作的模式。

毕竟，人有力穷时，抱团能取暖。想要独自做好一个本地公众号，显然忙不过来。

在移动互联网时代，运营公众号也有一个时髦的叫法——内容创业。

你可能会说，把运营公众号当作创业未免有些小题大做。其实不然，当你把微信公众号当作最有价值的对象或者创业公司来管理，首先从心态上就会变得积极，而这恰恰是能否运营好一个微信公众号的关键。

全球最大的职业社交网站领英（LinkedIn）第一篇10万字以上的文章《第一条朋友圈广告来了，知道它在国外长什么样吗？》在周日晚上 9 点推送，恰好赶在微信官方发布了第一条朋友圈之后。负责人说，其实稿子早已创作完成，只是找一个合适的时机才发。

还记得“7·15 北京优衣库不雅视频事件”曝出后，朋友圈一时人声鼎沸，好不热闹。就在当天，领英本来抱着不被人关注的心理准备推送了一篇《我们相信，好奇心和梦想能战胜一切荒谬》，结果却意外地带来了 37 万的阅读量，涨粉 1.3 万。

图 3–1　领英令人印象深刻的 LOGO

可见，运营公众号是一门学问。很多人误以为只要追逐热点就可以了，殊不知，不是什么“势”都可以借。比如，“8·12 天津滨海新区爆炸事故”发生后，某公司指使其微信运营团队利用这个时事热点进行炒作，内部邮件流出之后引来骂声一片，这种价值观扭曲的借势实为不明智之举。

那么运营公众号有哪些关键要素呢？

1. 非著名“标题党”

脸谱网（Facebook）公司首席运营官谢丽尔·桑德伯格的丈夫去世后，领英把一篇关于她的文章推送了两次。他们把标题从第一次的“慢慢地，她成了房间里唯一的女性”改为了第二次的“那个激励了全球女性的人，今天我们祝福她”。结果，很快阅读量从 9 万增长到 81 万。

腾讯公司高级副总裁、微信创始人张小龙曾说：“微信 80% 的阅读量来源于朋友圈。”这意味着，一张头图和一个标题往往是决定用户是否打开一篇文章的关键，标题的重要性不言而喻。

要取一个好标题是一门大学问，这种能力也非一朝一夕之功可成。平时多留意并分析一下微信朋友圈那些“爆款文章”的标题，会让你受益匪浅，也可以尝试和几个精于此道的朋友以群组的方式激发思维碰撞。

举几个“无锡生活网”公众号的例子。

案例一：关于“无锡一女孩去迪拜捡垃圾”标题的讨论（见图 3–2）

原标题：去迪拜捡垃圾捡到“哭”

讨论后的标题：无锡一女孩去迪拜捡垃圾，结果她是哭着回来的！原因惊呆了……

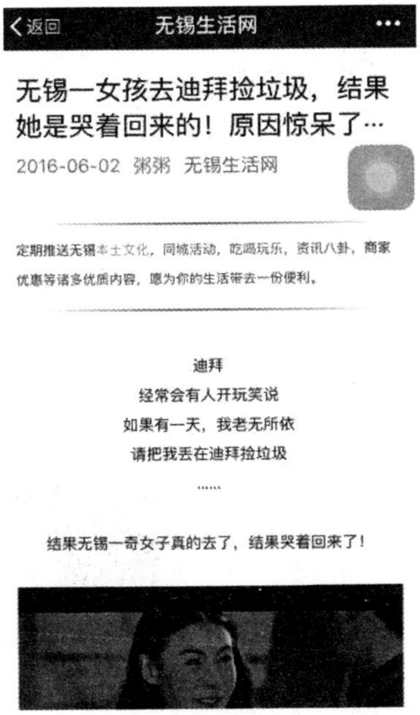

图 3–2 “无锡生活网”公众号官方截图 1

案例二：关于原创期刊《家有萌宝》标题的讨论（见图3–3）

原标题：这些你不知道的“雷区”可能害了孩子

讨论后的标题：孩子拎个“炸弹”到处跑，你却不知道！儿童节来临，请远离这个……

案例三：关于“某网红甜筒宣传”标题的讨论（见图3–4）

原标题：网红、甜筒，傻傻分不清楚！

讨论后的标题：颜值太高，怪我咯！传说的网红甜筒终于来无锡啦！万份免费尝鲜券，还不快戳？

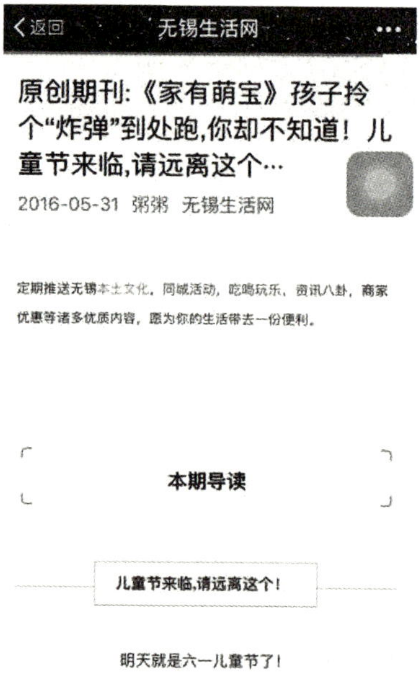

图3–3 “无锡生活网”公众号官方截图2

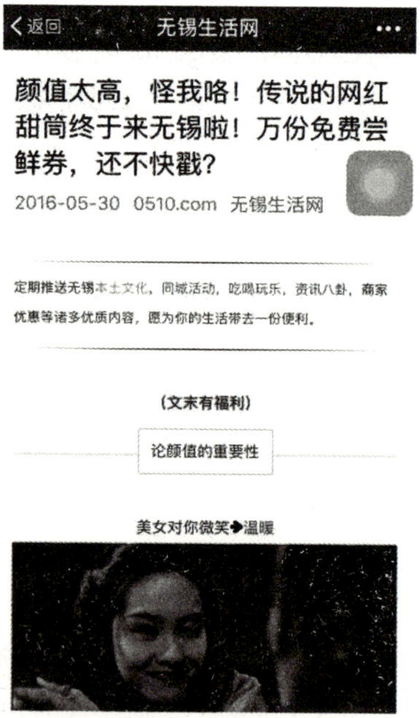

图3–4 “无锡生活网”公众号官方截图3

当然，取标题要把握好度，不能做挂羊头卖狗肉或华而不实的标题党，标题必须与内容相关，具备自己的格调。

2. 数据！数据！数据！

你有多久没有查看过自己的微信后台数据了？

在用户数增长和阅读量之外，你还关注其他数据吗？

你可能会忽略很多有用的微信公众号后台数据。比如，对新增用户来源进行分析，你可以了解到用户都是通过何种方式关注你的，进而相应地调整运营策略；要充分利用“自定义菜单”及“阅读原文”这两个可以外链的地方，时常分析这部分数据，对培养用户的点击和使用习惯帮助极大；准确分析关键词，可以掌握用户的关注点，便于设置一些有针对性的关键词回复。

因此，常分析数据十分必要。

3. 定位本地生活消费

定位于本地生活消费的本地自媒体公众号更容易实现突围。

通过开放应用程序编程接口，“无锡生活网”实现了基于商家名称、地理位置等调取后台数据自动应答功能，自助查询天气、周边美食等，使“无锡生活网”积累了第一批用户，而在随后的运营过程中发现，这类查询功能并不能满足更多网友的需求。调研发现，当地用户需要更精细的生活消费指导。本土文化、同城活动、吃喝玩乐、商家优惠、街头采访、咨询八卦栏目便在这样的需求下应运而生，见图 3-5。

图 3-5 “无锡生活网”官方网站截图 4

4. 规划内容

公众号能吸引用户的一个亮点就是其内容，粉丝关注一个微信公众号后，会通过“查看历史消息”阅读公众号早期发布的内容，而公众号能留住粉丝也是因为它的内容有吸引力。

但许多本地自媒体的微信公众号忽视了内容的重要性，将重点放在品牌的塑造、产品的宣传上。其实，本地自媒体做微信公众号，首先要做的就是策划好内容。

关于如何做好公众号还涉及很多方面，我将在后面章节一一介绍。

细节：编辑不只是复制和粘贴

关于公众号设计，无论运营还是分析，单拿出来都不止一本书的内容。因此，我将去粗取精，将多年的经验和研究结果中的精髓呈现给大家。

在此我要谈谈设计公众号的一些小细节。

我见过这样一类本地自媒体人，无论是题材选取、内容编辑还是图片修改，他们往往只会复制和粘贴，公众号内容毫无新意和亮点。

那么哪些细节是你不能忽视的呢？

1. 编辑

编辑过程中除关注图片和文字内容外，如何分段以及对标点和错别字的审查都需要小心谨慎，尤其是错别字，用户的眼睛是雪亮的。如果一篇文章出现多个错别字，用户就会质疑你运营公众号的用心程度。选择图片时要尽量挑选适合手机浏览并且足够清晰的图片。最后要注意排版，必须在手机上多次预览，发现问题及时修改，然后再重复预览和修改，直到你的“作品”得以完美的呈现。

2. 时间

每个本地自媒体公众号发送内容的时间不尽相同，但总体来说都离不开早、中、晚这几个时段。例如，你可以选择发布时间为每天晚 8 点左右。之所以选择这个时间，是因为大多数人在此时已吃过晚饭，睡觉前的时间又比较充裕和闲散。另外,通常在家里的人都具备连接 Wi-Fi 的条件。固定时间发送内容有助于培养关注者的阅读习惯。

3. 内容

人人都知道内容为王。图文内容不需要面面俱到，如果你运营的公众号的内容比较独特，那么它存活下来的可能性或许更大。运营之前，对本地自媒体公众号做好定位最为关键，你的账号价值将因此得以彰显。

如今，虽然本地自媒体公众号的类型五花八门，但内容同质化问题严重。所以做本地自媒体公众号一定要把握内容的前瞻性和深入性，在以质量为主的基础上追求新颖和启发性。

4. 转载

目前的本地自媒体公众号除了一些传统媒体（如报纸、广播）的新媒体账号外，大多数账号的原创性内容非常少，发布的内容避免不了转载他人的内容。但是，转载一定要注明出处：第一，能够体现对原作者的尊重；第二，能够增强用户对你的好感和信任感。

还有很多本地自媒体公众号看也不看要转载的内容，直接复制粘贴，更不会进行编辑，这样做往往存在很多错误。试想一个连你自己都不看也不感兴趣的内容，用户可能喜欢吗？况且，最后损害的其实还是自己账号的信誉。

5. 赢利

本地自媒体公众号如何赢利，这本身就是一个较大的课题。本地自媒体公众号的优势在于本地化和可落地，其重点赢利方向应放在服务上，也就是利用用户（粉丝）资源为商家做好服务。比如，商家借助本地自媒体公众号平台开展促销活动，扩大影响力，用户也可获得优惠福利。

获取：清楚目标到底是谁，再去寻找用户

很多朋友问我，公众号的阅读量不高，是不是因为我的定位是本地的用户群？

当然不是，是因为你的内容不够吸引人，而没有精准获得大部分本地用户。

例如你正在追求一个女孩，你用心打听，很容易就能够了解到她喜欢吃什么、有哪些爱好，甚至每天上下班坐多少路公交车。

运营本地自媒体公众号也一样，你应该比任何人都清楚你的目标用户在哪里，以及他们的个人喜好。如果你对此一头雾水，基本就可以告别本地自媒体行业了。

1. 想清楚你的目标用户到底是谁

很多人之所以觉得做本地自媒体太小众，主要是因为他们没有想清楚自己的目标用户到底是谁。

> 如果你的目光只聚焦于那些爱喝红酒的人，你会发现自己身边喝红酒的人其实很少，即使有也很难将这些可能已经十分专业的人转化为你的粉丝。

但是如果你的眼光放宽一些，将自己的目标用户锁定为平时爱喝点儿酒的人，具体喝什么酒无所谓，如此一来就不小众了吧？

只要你制造的内容（文章、图片），或是内容里体现的生活态度能帮助你的用户在朋友圈提升存在感，涨粉也就是自然而然的事情了。

清楚目标用户的前提是，你需要对用户的生活场景理解得足够深刻，例如工作环境、生活环境，以及更深层次的精神需求，包括痛点、笑点、泪点等。总之，你对自己的用户了解得越多，就越容易掌握他们会出现在哪里、有什么样的需求。

2. 核心用户，核心用户，还是核心用户

无数自媒体人时刻关注着后台的用户数据，粉丝涨了就额手相庆，粉丝跌了则如丧考妣……如何涨粉，在当下俨然成为一门显学。

涨粉固然可喜，但真爱更可贵！

什么是“真爱”？

核心用户，或者叫死忠粉、铁粉。核心用户认同你的理念，乐于分享你的文章，积极参加社群活动，能够帮助你引来更多的粉丝。

这里有一个问题需要厘清，那就是你想要更多的用户，还是想得到有限但高质量的用户。做本地自媒体，贪念不可有。因为一个城市的用户基数有限，不可能每个市民都成为你的用户，所以要有一个认知：吃1 000个用户，不如1个用户吃1 000次。换言之，要做好核心用户的培养。尽管你不可能将核心用户做到一个相当的量级，但哪怕只有一两万核心用户，你的本地公众号就已经走到引爆的风口。

核心用户是引爆本地自媒体的根本，没有核心用户，一切都是无源之水。拥有一定量的核心用户，接下来的引爆本地自媒体的布局就会得心应手。

“无锡生活网”做本地电商（水果店）第一天就收到了20万元充值金。我们在线下租了店面，但是整个业务是通过社群与平台推出的，之所以一下子引爆，离不开核心用户不遗余力的支持与宣传。有了一定量的核心用户之后，做任何事情都如鱼得水，这是做本地自媒体打造高端壁垒的核心思想。

粉丝数不等于影响力。在国内，很多公众号粉丝都上百万，但是并不能从中取得很大的收益。有些号拥有的粉丝数量不是很可观，但能产生很大的商业价值。公众号只是信息的展示平台，后端个人号与社群才是最大的核心，线下活动是做社群与个人号的手段，也是快速建立影响力的手段。

如何培养核心用户，除了通常所说的提升内容质量、举办小型线下活动以及通过个人微信号增加互动频率等方法外，有一点被不少人忽略：赋予自媒体人格化属性。也就是要让自媒体有灵性、有态度、充满智慧、有亲和力。

papi 酱、罗振宇、咪蒙之所以倍受追捧，正因为他们具有鲜明的人格特性。试着刻意讨好所有人，最终必然在所有人那里都不讨好。这一点希望能引发所有本地自媒体人的思索。

误区：拆掉思维的高墙，避免踩进“雷区”

在与本地自媒体人的接触过程中，我发现不少朋友还没有跳出传统地方门户网站的运营模式，他们注重分类和广告需求、站长思维，缺乏创新型团队和开拓业务的习惯。归根结底，在他们的头脑中还有很多尚未拆除的高墙，以至于公众号的运营没有正规化、体制化地形成公司运作。

当今形势下，坐等用户上门恐怕没那么容易了！

不少本地自媒体人自称是新媒体和自媒体，以媒体思维定义微信平台。然而随着微信官方对原创保护、打击谣言和非法传闻以及地方政府的管控，本地自媒体公众号的生存与发展越来越难。

本地自媒体人为避免陷入雷区，应该尽早拆除以下思维的高墙。

1. 本地新闻都是料

发布本地新闻要够有料——必须是让人惊讶的新闻，不要觉得随随便便发个本地新闻就能引起当地用户的关注。

例如，某地出现了抢孩子的恶性事件，某地段发生了严重车祸，某富二代结婚用了 100 辆豪车，这些新闻至少让人一看就特别惊讶，才能引起超高的转发率。

但是发布这类新闻一定要有法律意识，结合当地公安部门的微博等确实的新闻线索。不要为了吸引关注就随意散播谣言，一定要遵守法律法规。

2. 创作地方性喜剧

很多本地自媒体人为了吸引关注，拍了不少地方性喜剧短片。

这一形式若笑点极高，能博取众人一乐，而且是有地方特色的喜剧，再加上内容的娱乐性强，通常能实现较高的转发率。

如果不具备条件，就没必要把时间浪费在剧本创作上，硬挤出来的笑料未必会引起关注。

3. 内容不在多，而在精

淘宝网商家售卖爆款的策略就是只拿出两三款不错的产品打造爆款，不要把摊子铺得太大、什么都想做。微信公众号运营也是一样，不要什么热点都想追，应该准备几个内容非常精彩的专题来做，引起关注者的共鸣，必然能获得超高的转发率。

当然，由于每个人的做事方式不尽相同，所以在实际运营过程中遇到的状况、误区也有所不同，本地自媒体人要做到善于观察和总结，灵活应变。

总之，尽量避免误区，就能让你的公众号在时间的考验下发生改变！

公众号运营：
赚钱的收费模式才是看得见的财富

模式1：游戏化、年轻化的运营模式

很多本地自媒体人都说，微信即将成为中国的App Store，后者是由苹果公司为其系列产品的用户创建的服务平台，用户在App Store浏览或下载应用程序后，可以决定免费试用还是掏钱购买，从而可以在自己手中的终端设备上运行这些程序，其中包括日历、翻译程序、娱乐程序、图库等各种各样的实用软件。通过这个服务平台，众多应用程序开发者取得了可观的收益，苹果公司可从中获得分成。

移动互联网时代扑面而来，微信平台上游戏的进驻显然让懂得利用游戏的本地自媒体人赚得盆满钵满，属于微信公众号平台的游戏开发时代也已到来。

联想在官方微博上自称“想哥”，其营销策略延伸到微信公众平台上之后，继续在讲述“跟哥走”的故事，不同的是，在微信公众平台上，联想采取了玩文字互动小游戏的方法。以互动小游戏的形式推动新产品营销，这样的案例在微信上并不少见，不少企业找到一些流行的形象代言，其中有流行歌手周杰伦、电影人物钢铁侠和擎天柱、动漫人物喜羊羊和灰太狼……联想微信游戏中的主角则是侦探小说里的主人公福尔摩斯。

用户关注了联想官方微信公众号后，只需回复“福尔摩斯”就能开始拯救华生、打击犯罪分子的游戏，整个文字游戏将根据用户给出的不同文字回复，展现出不同的情节走向。幽默的文字内容、悬疑的故事情节、加入密码和侦破元素的气氛，让用户仿佛置身于侦探小说的情节中，变身为名侦探，以一腔热血追寻真相，玩家们不禁沉醉其中。

在游戏当中，还有一些相当有趣的环节，如解谜答题的环节，用户需要从选项中 4 选 1，才能推进情节的继续发展，产生更多的带入感。

“想哥”在游戏里带着联想的新产品 Yoga 笔记本电脑和福尔摩斯出生入死，而 Yoga 笔记本电脑不仅有炸弹计时器、音乐播放器和线索展示板等功能和作用，而且是游戏最后情节完成的钥匙——只有将联想在线商城的 Yoga 笔记本电脑全部买完，微信好友们才能看见最大的罪犯莫里亚蒂教授阴谋破产。

完成福尔摩斯的游戏之后，联想微信公众号并没有闲着，最新一期游戏“十脉神剑”已经正式上线，其中还有更多富于互动乐趣和技术含量的游戏元素，联想的众多粉丝也已经投入新的游戏。

就算是游戏，联想也没忘记将产品广告植入其中，而植入的方式既能吸引用户关注，又能同整个游戏形成整体的一致。

目前阶段，利用游戏为公众号增色的成功案例屈指可数，因此对本地自媒体人来说，这并非易事，可以关注以下三点。

1. 充分彰显游戏化、年轻化特色

目前利用游戏作为微信推广工具的策略，更应该充分结合年轻化特色来针对用户群体发挥精准定位的作用。

除了利用正确的游戏角色外，游戏文字的表述应当跳跃、幽默和段子化，挑战性应该适当调整，既不能过于简单，也不能难到影响游戏体验。另外，游戏的年轻化还应该表现在以章节的形式分出段落，保证用户能在较短的时间内获得完整游戏段落的体验。

2. 游戏化、年轻化只是一个外壳

游戏化、年轻化最终只是营销的外壳，植入产品相关信息才是“王道”。

例如，让产品充当游戏中的道具、将产品研发过程融入游戏情节、通过游戏角色演示产品功能。适当地让公众号想要帮助商家宣传的产品在游戏的各个环节出现，不仅能够刺激玩家记住产品的特性，也能提高新用户的转化率，吸引更多的潜在用户。

3. 寻找一种用户愿意接受的方式

游戏化、年轻化已经打造出一种技术、艺术综合文化体，包含了文学、动画、故事、影视、音乐等诸多要素。

本地自媒体人想要迅速抓住粉丝的心，必须邀请专业的游戏设计和推广团队，开发易于被接受的游戏模式。角色扮演、解谜题目、微信用户互动等游戏模式都可以使用户通过微信公众平台获取同 PC 平台游戏更接近的游戏乐趣，从而确保用户在短时间内产生对这种乐趣背后外延的了解兴趣。

模式2：让个性服务拥有更多可能

微信平台最大的优势在于其广阔的发展前景。

对本地自媒体人来说，微信可以是聊天工具，也可以是维护用户关系的平台，可以是本地自媒体传播的关系圈，摇身一变也能成为电商平台。

本地自媒体人还应该想到，微信实际上还可以变成通过硬件交互和平台服务互补的界面，这种界面特性能够为用户提供更好的体验与服务。

微信技术不断进步，将带来更多有趣的创新和体验，那么本地自媒体人利用微信公众号平台为用户提供个性化服务还有多少种可能呢？利用微信为用户提供更多的个性化服务、让每个用户都体验到VIP的待遇，已经不再是本地自媒体人难以达成的目标。

这方面的有益探索已经体现在微信公众号平台的快捷酒店服务上。由于酒店行业提供服务的需要，目标用户的位置、个性需求引导着这个行业的微信营销思路，并能够将微信巧妙地打造成为每个用户设计的个性化工具，从而获取他们更多的好感，激发他们对酒店品牌和产品的兴趣。

快捷酒店的微博营销曾经走进一个误区，即利用微博的好友分享功能进行推广。在这种营销设想中，用户出差到某城市并住进快捷酒店后，他们只需将酒店的具体地址和电话分享到个人微博，就能获得好友的关注。实际上，微博是一个相当公开的互联网领域，微博上的分享似乎的确能被更多用户看见，但除了快捷酒店员工外，很少有入住者愿意在个人微博上公开此类信息。理由很简单，没有多少人希望把自己睡在哪里公布在网络上。

在微信平台上，这样的个性化服务功能得到了体现。例如，你在深圳出差，可以直接将自己的酒店信息用微信分享给朋友，你的朋友则可以利用微信中的接口直接打开“快捷酒店管家”程序，并使用地图导航功能找到你，这样，在个人隐私信息不泄密的情况下，顺利地实现了对特定目标的信息共享。

微信更新版本之后，可以将当前位置发送给好友，于是“快捷酒店管家”程序组直接注册了一个微信公众号——“订酒店”，关注并进入这个公众号后，用户可发现一种更简单、更个性的订酒店方式：他们可以直接回复文字并确定订单，或者输入文字取消订单。这一切同时照顾到了用户所在位置的特点、对酒店的需求等。

当然，目前并非所有本地自媒体都能在微信公众平台上提供个性化服务，但如果能够及早准备，开发和整合必要的资源，比同行业竞争者更快践行个性化服务理念，将能够帮助本地自媒体人取得更多的未来优势。

总之，个性化服务本身是服务水平达到一定程度、能够充分稳定之后才能做到的业务领域。在微信方兴未艾的今天，本地自媒体对个性化服务的有益尝试将为发现新的盈利模式开辟思路和方向。

1. 加强与用户的沟通

当然，明确用户的个性需求，最直接的方法是让他们自己说出来。如果微信公众平台能够像呼叫中心那样实现一对一的服务，如安排用户服务专员同用户进行语音交流，通过沟通和谈话明确用户需求，用户将会发现微信服务平台不再是那种冰冷统一的模式，而是具备了本地自媒体同行业中秉持人性化服务理念的优势。

2. 捕捉用户兴趣和爱好

微信公众号可以与用户交流，收集用户兴趣点，如果通过微信公众号之间的文字互动，并采用软件统一收集、计算和分析用户对产品的描述或者感受，在数据达到一定数量的情况下，本地自媒体能够建立有关用户兴趣和爱好倾向的数据库，进而对每个用户做具体的资料存档。

此类工作可能需要大量的时间和人力，但这种搜集可以先进行小范围的实验，如将搜集放在具体的地理位置，抑或设定在某个年龄段，甚至具体到某一个时间点上，这样，通过积少成多的搜集和整理，对用户兴趣和爱好倾向的调查，最终能够实现个性化服务。

3. 利用地理位置分享技术

目前，微信已实现用户分享地理位置的功能，它也可以作为打造个性化服务的重要手段。例如，用户使用微信管理助手软件能快速搜寻到所在位置附近的某产品销售网点，或者当用户在某产品销售网点附近时，商家可以主动通过微信和用户打招呼，还可以集中向该区域的用户发放漂流瓶等营销内容，这些方式都能实现为有个性化需求的用户提供他们想要的产品或服务。

然而，这样的运营模式必然提高企业的运营成本，所以充分全面地分析和衡量，确定是否以此方法进行个性化营销是行动的前提。

模式 3：把公众号打造成广告载体

将微信公众号打造成广告载体，这样的营销创意具有很强的吸引力，但是大部分本地自媒体运营团队面对这样一个现实：广告主主动联系的毕竟只是那些“腕级”的微信大号，对于普通的草根号，他们并没有更多的精力予以关注，甚至无暇顾及。

因此，对手中只握有普通微信号的本地自媒体团队来说，直接与广告主联系，集中精力于某些专业品牌的广告，显然成为推广自身同时实现盈利的必由之路。

那些看似已经成功的微信大号必然也经历过这样的阶段，在它们尚未广受关注时，只有通过“对口”的广告主或企业，才能实现通过广告产生收入，并支撑其微信公众号影响的进一步扩大。

某音乐学院在广东当地很有名气，在音乐圈内也有很强的号召力，无论是学习音乐的学生、学生家长还是社会上的音乐爱好者，都将进入该学院学习音乐知识作为理想的选择。

在微信公众号推广兴起后，音乐学院很快有了自己的微信号，并通过微信发起群聊和语音分享，和用户们分享该学院的老师们对音乐的见解和实践。

经过一段时间的积累，该学院微信公众号的粉丝已经多达数万人，学院还邀请了几名本地自媒体人组成团队，管理微信公众号。

很快，在团队的运营下，该学院和国内数家实力雄厚的钢琴生产和销售企业取得了联系。在列举了学院微信公众号的种种优势并陈述资源的重要性之后，企业答应直接和学院合作，该学院微信公众号每发布一条微信广告，就能获得相应的提成，消费者如果是从其广告链接购买的，则可以获得更多的提成。此后，该学院不仅从微信平台上得到了更多的社会关系支持，还真正收获了用户以及可观的收入。

该学院对公众号的利用和开发，为提高学院的影响力和收入打下了良好的基础。正视自己手中的资源，主动出击寻找企业合作，成为自由广告商，这在强调发布权的微信时代已经不再是单纯的梦想，更是对本地自媒体来说切实可行的方法。

在主动寻找广告主的过程中，我们应该注意以下几点。

1. 发现相关商家

本地自媒体在了解自身微信资源的特点之后，可以挖掘对这些资源感兴趣的商家以实现盈利。例如，以关键词在网上搜索，寻找联系紧密的企业网站，或者使用电话黄页按种类寻找相关企业，又或者利用微博搜索相关企业的官方微博。也就是说，将营销的网撒得越大、越准确，找到重量级商家的可能性越大。

2. 说服相关商家

吸引和说服商家的关键方法是，向他们列举微信和其产品结合的途径。因为以往依赖当地其他平台推广产品的商家并不一定了解微信的优势，甚至根本没有接触过微信，一旦他们发现运用微信平台的价值，必然会产生合作的动力。

因此，本地自媒体人需要以具有针对性的形式，围绕商家关心的回报率问题、差异性、推广速度和范围等做出精确、细致的说明，以此打动对方,促进合作。还可以通过和广告商合作,“组队”面向特定的商家招商，也能够取得不错的效果。

3. 对微信公众号的评估

“知己知彼，百战百胜。”本地自媒体人如果无法对自己的微信资源进行仔细的分析和评估，不明确这些资源可以为商家带来怎样的营销优势，那么谈寻找商家赚取收益无疑是空中楼阁。

本地自媒体人可以对如下资源进行分析和评估，见表 3-1。

表 3-1　本地自媒体人对微信平台资源的评估

评　　估	描　　述
用户数量	一定的微信用户数量才能够保证微信的传播力度和覆盖半径。几百个微信用户不足以作为资本向商家提出代理广告。通过种种途径扩充微信好友数量，是走向自主寻找广告的第一步
用户特征	主要包括微信用户的社会层次、收入、年龄特点等。对于微信用户，本地自媒体人应该有一定程度的了解，而且微信用户达到一定数量后，对他们的了解过程需要更多的员工参与
分析统计	组成本地自媒体管理团队，并利用微信运行的辅助软件统计用户特点，形成清晰、合理、统一的调查模板，制作成商家可以一目了然的记录，这样就能更直观地告诉对方你的优势所在
综合分析	对公众号运营团队的知识结构、能力特点和人员组合的分析。一个微信公众号之所以能成为良好运作的发布平台，离不开背后运营团队的默契组合，因此，本地自媒体人应该深入了解、客观分析团队情况，保证做到熟悉整个团队工作人员的特点，并了解运作中互动的方式，把握好整个团队能为微信公众号的广告营销带来怎样的收益

公众号营销：
借移动互联网的东风从“营销”走向“赢销”

商业活动营销，提供优惠信息

优惠打折是公众号营销最常见的方法，在传统商业时代，消费者很容易被优惠打折信息吸引，他们会因一条简单的优惠信息放弃休息时间，去抢购商品。但是随着消费者的消费观念越来越成熟，本地自媒体人在运营公众号时想帮助商家重回那样的黄金时代恐怕并不容易，唯有将优惠信息发布得更巧妙，体现更多的真诚，提供更有价值的信息，消费者才有可能买账。

本地自媒体人利用微信平台创办一个专门帮助本地商家向用户展示优惠信息的平台，同样可以从中获利。

在某地区“微展会”上，所有参与者只需要拿出手机，扫描展会的二维码，或者添加微信公众号，就能第一时间知道展会的相关信息。这些信息可以让所有有需要的潜在用户足不出户地了解参展企业最新发布的大幅度优惠。

同时，为了让用户更好、更准确地关注和了解优惠信息，“微展会”还配备了专职客服人员，通过图文、语音等形式的互动，客服人员可以及时向企业反馈用户的意见和需求，并且第一时间将优惠信息发送给所有关注微信公众号的用户。

类似“微展会”这样的平台不仅是商家触达用户的窗口，其营销力更能将用户提出的建议迅速反馈给商家，并指导本地商家更好地了解市场意向，及时做出战略调整。

此次“微展会”有上千名微信用户参与，很多人对其中的优惠信息展示表现出很大的兴趣，并激发了他们的购买欲。

可见，伴随微信平台的发展，即使是区域内的传统商家，也可以通过自我颠覆和革新之路在营销方面实现有效的突破。

本地自媒体人使用微信平台向用户及时发送优惠信息，优势不仅体现在速度上，还体现在其精准度和可回复上，因此餐饮、住宿、超市等服务行业都可以采取这样的方式进行营销。

但需要注意以下几点。

1. 优惠信息是否真实有力

在传统营销模式中，许多优惠信息缺乏真实性和可信度。例如，很多借“代金券”“消费券”等形式下发的优惠需要用户消费满一定金额后才能使用，或者必须购买指定商品。

然而，在微信平台上，用户是通过互联网渠道了解到商家的优惠信息，一旦他们发现优惠信息并不真实或者商家缺乏诚意——实为骗取流量之举，那么用户可能取消关注，甚至从此不再相信该品牌的营销团队。

因此，作为本地自媒体人，不应该以骗取用户流量为目的，而是要确保优惠信息真实有力，更不应忽视这种营销模式的作用和价值。

事实上，越来越多的用户在体验到真实的优惠以后，就会成为某产品或某品牌的忠实粉丝，把情感从线上带到线下。

2. 优惠信息是否有针对性

目前，大多数商家都采用统一的方法、格式向所有用户推荐优惠信息，这导致每个用户接收到的优惠信息千篇一律、没有针对性，很难激发购买欲。

对此，可以结合用户的特点有针对性地分类，再向其发送不同的优惠信息。例如，家具专卖店面向单身用户、新婚用户、二次置业用户和中老年用户推送优惠信息的语气、角度和内容应该有明显的区别。如果对用户背景、性别和年龄不加以区分，统一群发优惠信息，最终微信的优惠信息也会像那些已经被视为垃圾信息的短信一样，被更有价值的信息覆盖。

3. 运营团队和平台是否给力

许多未成规模的本地商家并没有打算长期运用微信号推送优惠信息，那么采取外包团队的商业模式也无不可。营销模式千篇一律，方法却可以灵活多变。

在具体的挑选上，商家势必会注重选择那些媒体资源多、从业人员多、从业时间长的专业本地自媒体运营团队，通过付费合作或者提成合作的方式开展营销。“善攻者，谋于九天之上”，本地自媒体人应时刻保持对市场的敏锐度，尽早占领市场。

开放互动营销，加强用户体验

小米公司利用微博平台开展营销活动，大获成功。后来，随着微信平台的崛起，小米公司将营销重点逐步调整，向微信平台转移。在微信平台上开展在线活动仅两天，微信粉丝发送的互动信息就超过 270 万条，成功创造了微信公众号平台的纪录。

这足以说明微信正在成为企业和商家看好的新营销平台。

让用户在互动中成为忠实粉丝，小米公司只是代表之一。许多本地自媒体也开始在其微博首页展示微信公众号和二维码。毕竟，在微信平台能够更准确地体现用户的身份，并且针对企业营销活动的效果收到更全面的反馈。

但是，若想让用户成为忠实粉丝，还需要在以下方面多些投入。

1. 打造公众号

本地商家在申请了公众号之后，应该在设置页面及时更换公众号的头像。一般来说，公众号头像可以更换为企业 LOGO 或者吉祥物，其大小应该确保不变形，同时可以正常辨认。

另外，应该准确地填写相关业务介绍。在回复设置中，微信平台上提供的功能包括被添加后自动回复、用户消息回复和自定义回复三种，企业应该根据实际需要分类添加。

还应该事先对一段时间内每天应该向用户群发的信息列明详细、准确的日程表，并在内部充分协调，按照日程表准备相应的文字素材和图片素材。

通过这类人性化管理和打造服务，公众号将更容易吸引用户关注，从而触发用户进一步使用微信功能，及时分享使用体验，并在其他用户群体中产生口碑效应。互动营销就在这个过程中逐渐形成，对于进一步提升本地商家的品牌知名度有很大的帮助。

2. 利用小号参与营销

微信作为新型的营销方式和平台，如果仅仅利用加 V 的大号参与营销，显然没有充分开发和利用其潜力。不妨尝试将官方微信公众号和小号结合，从而全面打造品牌，构建维护用户关系的网络。

如今，就连商家进行微信营销时都充分开发小号的功能，将签名设定为产品介绍、优惠宣传等广告形式，再利用寻找附近的人这一功能进行营销。更重要的是，还能够借此打造一个免费的群体互动平台。

这对企业的品牌建设和宣传具有无可替代的重要作用，也更加便利企业推送消息，并搜集用户的反馈。在这个过程中，我们不应该忽视对小号的利用。毕竟，小号也可以向更多的微信用户推送大号发布的、有吸引力的消息，并以此积极引导新的粉丝进入官方大号平台，最终形成用户黏性。

本地自媒体完全有必要借鉴上述做法，通过打造多个垂直细分公众号来支持综合性公众号。

软文推广营销，放长线钓大鱼

微信营销有着较新的技术应用和跨界组合，包含了较多的移动互联网技术。但是，强调微信营销并不意味着商家就能完全放弃既有的营销手段。实际上，一些通用的手段完全可以从传统领域延伸到微信公众号平台上，软文推广就是其中之一，见表 3-2。

上述几种软文推广方式在网络上长盛不衰，在微博上方兴未艾，在微信平台上更是有着美好的未来。

这样的软文将广告因素隐藏于文章中，在不知不觉的情况下，让用户学习、接受和分享，推广其中的广告因素。软文的精妙之处就在于其内容上的“软”——不露声色、收而不露，以及它的自由、灵活和形式多变。

表 3-2 软文推广的分类

分 类	举例参考
段子类软文推广	什么样的女人才是幸福女人？ 上得了厅堂，下得了厨房； 杀得了木马，翻得了围墙； 开得起好车，买得起新房； 习惯用 ×× 手机拍照，喜欢用 ×× 品牌化妆。
叙述式软文推广	2012 年 3 月 31 日，×× 公司举办了对优秀人才的奖励大会。在大会上，营销经理小赵凭借 100 万元的优秀业绩，获得公司最高业绩奖——一辆最新出品的 ×× 牌汽车。 众所周知，营销经理小赵对生活质量的追求、对事业目标的渴望，无不来源于他作为一名职场精英内敛而霸气的人生态度。因此，当公司决定将这样一辆汽车作为奖品奖励给他时，小赵感到相当自豪和兴奋，同事们也显露出惊叹和羡慕的表情……
时事性软文推广	最近，记者走访了 ×× 网的高层，获悉该网站在下月初将举行用 10 万元奖励用户的活动。应该说，这样的活动在互联网领域较为少见，体现了越来越成熟的互联网经济浪潮下投资者和经营者眼光的发展……

在创作微信软文时应该注意以下三点。

1. 确定软文的写作思路

在不露痕迹地推广商家或其商品的前提下，或利用“眼球效应”的标题，或叙述有情节的故事，或采用新闻报道，或采取争议性论断……

在软文的写作和发布过程中，确定思路相当重要，不同的产品、不同的品牌定位或者不同的用户都需要不同的创作思路。具备开阔的思路，软文的写作思路才更清晰，并保证在微信平台上吸引更多广告主和企业传播对象，获取更多的利润点。

2. 做好基础准备工作

软文写作者在动笔之前，需要对营销对象的背景情况、行业情况、品牌特征和目标客户群等基本信息有一个透彻的了解，并以此确定基本思路。毕竟，撰写软文和普通营销活动、广告、推广营销的过程有所不同。

如果前期准备不充分，写出的软文可能不到位，难以产生和其他信息足够的区分度，在微信平台上得不到充分的重视。

3. 把握微信软文的技巧

软文不是文学作品，并不需要特别华丽优美，因为这样的文字有可能过度分散读者的注意力，导致产品和品牌因素被湮没。但过于平淡的文字又往往令用户没有读下去的兴趣。

通常情况下，真正能够在微信平台上引起关注的软文应具备三个特征，见表 3-3。

表 3–3 优秀软文需满足的条件

分　类	举例参考
语言表现到位	语言应该充分反映软文思路并表现到位。例如，分享经验型的软文应该具有推心置腹、亲和力强的语言特点，讲述故事型的软文情节则应该跌宕起伏、具有感染力
有吸引力	能够迅速吸引眼球，采用简练明确的标题，或者用疑问、惊叹的语气起标题，都会带给受众相当的冲击力，否则微信用户可能根本不会打开消息
有创意	内容不能有普通广告所体现出来的那种明显而外露的宣传性和鼓动性，不能让人一眼就看出是软文广告，而要有相当强的隐蔽性，能够把要传递的信息和用户的需求紧密联系在一起，这样软文的内容才能打动人心

第四章

让“微时代”的意见领袖为“本地”代言

——“3+2”矩阵策略之个人微信号运营

浩如烟海的网络信息中关于个人公众号的设计和引流的内容可谓千篇一律，这些基础知识或许能为你带来一定的启迪，但不可否认的是，这样的经验获取方式并不能确保你在强者如云的厮杀中脱颖而出。

投机取巧并不可取，不如脚踏实地钻研“3+2”矩阵策略，并将其作为成长的工具，进行自我颠覆，从而实现华丽的转身。

个人微信号设计：塑造本地形象吸引更多用户

打造：个人微信号、朋友圈一个不能少

2015 年 6 月 8 日，国内最大的微信公众平台开发服务商微盟发布了《2015 年一季度中国微商行业报告》，报告指出：

> 2014 年，中国移动购物市场规模达到 9 297.1 亿元，同比 2013 年增长 240%，预计在未来三年将保持 48% 的复合增长，到 2018 年达到 45 039.7 亿元，占整个网络购物市场 61.7% 的份额。

报告还指出：

> 微信正逐步显现出对消费的拉动作用。截至 2015 年一季度，微商行业从业人员达 1 007 万，市场规模达到 960 亿元。2013 年 7 月到 2014 年 6 月的一年间，微信直接带动的生活消费规模已经达到 110 亿元。

不可否认，该报告中庞大的数字最直接的表现就是让许多本地自媒体人通过微信平台打造了颇具吸引力的个人微信号、朋友圈，从而造就了无数传说中的“创富神话”，是这个时代人们难以抗拒的潮流。

微信丰富了用户的社交和生活方式，微信朋友圈更是口碑传播的优质平台。

基于微信平台的运营，不只是打造了公众号，本地自媒体的推广宣传还需要借助个人微信号的力量。可以说，打造一个富有魅力的个人微信号，其朋友圈对本地自媒体的运营将起到推波助澜的作用。

1. 做个人微信号的必要性

首先，相较于 BBS、微博的开放性特点，个人微信号的私密性和安全性更强。因为不是微信好友就看不到对方发送的朋友圈信息，使用微信的朋友圈消息屏蔽功能，私密性和安全性还将进一步提升。

其次，本地自媒体人可以借助个人微信号随时随地将与本地自媒体推广相关的照片、语音或视频发到微信群里，和更多用户共享信息。

最后，万一公众号被封号，还可以靠个人微信号再做一个新的公众号。可见个人微信号的作用不容小觑，你可以同时打造多个个人微信号来营销，以备不时之需。这也是“3+2”矩阵策略的关键点。

2. 朋友圈传播力不比公众号差

在微信朋友圈，你可以随时随地和微信朋友（亲人、朋友或熟人）交流、分享图文信息或视频。微信朋友在休闲、购物、聚餐时也会随手拍照发到朋友圈，这样一来你就可以更有针对性地把握他们的需求，在朋友圈转发一些有针对性的文章，并与目标用户分享内容、讨论话题，促进交流，增强用户黏性。

3. 如何打造极具魅力和价值的个人微信号

就整个微信号的运营来说，打造个人微信号并不难。更换头像、起网名、设计个性签名，以及如何加好友、加微信群、发朋友圈广告、点赞、评论、转发等基础内容在此不再赘述。值得一提的是，有魅力、有价值的个人微信号应该具备以下三个特征。

（1）有强烈的视觉冲击力

要最直接地让自己的微信号区别于竞争对手，增强用户的认知，吸引对方的目光。在微信号的设计上，以不违背企业视觉识别系统为前提，做出一些细微的又能吸引眼球的创意性改变。

（2）有独特的个性特征

当前微信平台上的同类个人微信号多如牛毛，并且用户趋于理性化，要让他们对某个个人微信号产生兴趣已经越来越难。所以要仔细想一想，你的个人微信号有哪些独特之处，能给用户带来什么吸引力和利益才是重点。

（3）有共鸣的用户诉求

诉求是能让用户产生兴趣的一种动力。

好的诉求足以让用户对你的个人微信号留下深刻的印象，进而引发对其中更多内容的关注，形成良好的传播。为此，你需要在个性签名等细节设计上下功夫。在取百家之长的同时，也要去粗取精，形成自己的风格特点。

除上述基础内容外，本地自媒体人还应掌握更多关于个人微信号运营的创新性内容。例如，如何利用个人微信号策划活动吸引粉丝，如何利用个人微信号打通渠道吸引更多用户流量，如何将个人微信号与本地自媒体完美结合,如何找出“草根达人”“网络红人”“职业精英”等意见领袖，通过他们的个人微信号为本地自媒体代言，如何利用个人微信号进行个性营销、数据营销、账号营销、创新营销、为本地自媒体加分……这些内容以及通用的方法，我们将在后面的章节进行深度解读。

活动：涨粉的同时形成用户黏性

活动可以吸引用户，渠道能够增加用户。

在接下来要讨论的个人微信号运营的设计环节，首先谈谈有效吸引和增加用户的主要方式。

本地自媒体要长期留住用户还需要与用户进行良好的互动。用户在你的个人微信号里提出自己的问题，就是希望获得满意的回答，而当这一需求未得到满足时，用户可能取消关注。

通常来说，用户向你提问，意味着用户对你的个人微信号或者与你相关的本地自媒体公众号感兴趣——总之他是一个潜在的用户。最佳做法是，当有用户提问时，负责微信运营的本地自媒体人可以让用户添加自己的个人微信号，进行详细的交流，解答疑惑，为用户留下良好的印象。通过这种方式，本地自媒体可以逐渐培养起自己的忠实粉丝，形成用户黏性。

利用个人微信号还可以策划高品质的活动，一场高品质的微信活动包含三个要素，见表 4-1。

表 4–1　高品质微信活动的三个要素

要　　素	分　　析
奖品有吸引力	用户愿意积极参与，要么砸重金送手机、送平板电脑，要么以稀缺资源作为奖品——用户在其他地方有钱也买不到
形成有效传播	活动流程要安排合理，以便用户进行传播。例如很多微信投票活动都需要关注微信公众号后才可以投票，但又缺少良好的关注路径，这就增加了参与难度，降低了参与度
活动体验良好	活动的传播一般有两种方式，要么可以将分享设置为体验的一部分，让用户进行传播；要么自己有渠道（或者有钱），可以通过渠道扩散

“无锡生活网”的微信平台就是这样一个高品质的互动平台，其涵盖的主要业务见图 4-1。

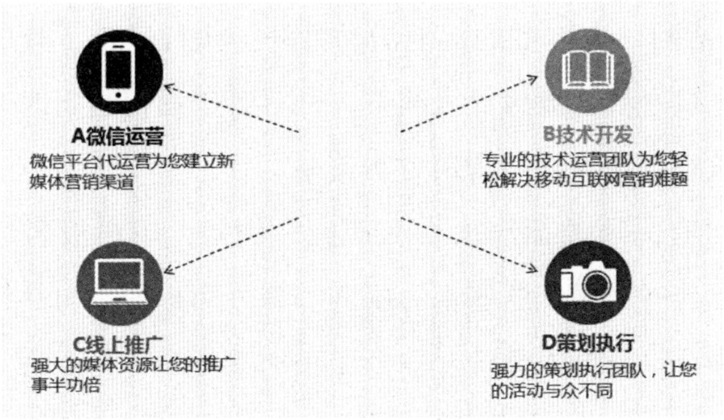

图 4-1 “无锡生活网”微信平台运营的业务介绍

1. 微信运营

（1）日常文案推送

根据不同企业定位企业风格，制订一整套推广计划，为企业建立新媒体推广渠道。

（2）原创文案编辑

依据各节点活动策划相应文案，只需提供素材，其他工作由我们完成。

2. 技术开发

（1）基础功能开发

开发包括微信网站、基础关键词回复、查天气和违章等基础功能。

（2）定制插件开发

根据企业活动以及需要推广的信息定制，开发不同插件。

3. 线上推广

（1）线上软文推广

文案经过重组编辑，内容具有可读性，阅读性强，传播率高，覆盖面广。

（2）线上活动策划

通过线上活动带动商家信息推广，线上传播，线下引流。

4. 策划执行

“无锡生活网”有丰富的落地活动策划、执行经验，其优势在于线上造势、预热，线上活动流量导入线下，并且善于捕捉当下时事热点、制造事件营销、口碑营销等新型营销方案策略。

当然，再有品质的活动也会有瑕疵，例如，用户报名烦琐、隐私信息泄露、服务器网速慢，这些都会削弱一部分用户的参与热情。而上述案例也只是给各位打造个人微信号一个小小的参考。

如果微信运营能降低用户的参与门槛，增强用户的存在感和归属感，把社交关系应用在具体互动中，再用一些奖品作为奖励，让用户在参与时既觉得好玩有趣，又形成了用户黏性，再配合后面章节要讲述的引爆社群、线下活动和电商，那么接下来你的利润就可以开始滚雪球了！

渠道：摆正心态，好机会永远都有

做个人微信号的本地自媒体人都希望迅速涨粉，个人微信号涨粉和电商相似，即流量＋转化率。适合传播的渠道就显得尤为重要。

很多朋友也许会问，既然运营本地自媒体没想象的那么简单，我还有什么可玩的？上哪儿找那么多优质的内容？采编、原创、改编，什么方法都行，你的终极目标是找到适合的渠道，获得更高的推荐量。

给微信号引流的方式有很多种：

你可以在推荐引擎“今日头条”上发大量的文章来给你的微信号引流，尽量保证你的原创文章具有较高的品质。

同样的方式在其他平台也合适，例如，你可以在网络问答社区“知乎”上吸引用户关注你的微信号，首先你要找到一个比较有吸引力的话题，并且保证将得到足够好的答案，符合“知乎”用户的喜好，那么涨粉就是自然而然的事情了。

你还可以在“豆瓣”上引流，但如果一开始你就暴露打广告的意图，效果肯定不理想。所以你需要深入理解“豆瓣”的用户习惯，了解用户的喜好，“豆瓣”平台本身的特点也要搞清楚，才能逐渐将豆瓣平台的用户渗透到微信号。

无论选择哪种渠道，你都需要脚踏实地地选择适合的渠道，设计引流方案。简单地发发文章、发发朋友圈，并不能做好本地自媒体。

别听失败者说这个不行、那个不行、本地自媒体越来越难做了，于是你就畏首畏尾，什么方法都不敢尝试。

那么本地自媒体如何选择适合自己的渠道为微信号引流呢？

1. 最好的渠道始终是内容本身

其实在微信平台上，每个读者就是最直接的传播体。

我曾经粗略统计过，一篇阅读量超过 10 万的文章，最少可以使微信号增加一两千的粉丝，而且通过优质内容吸引来的用户一定是最精准的。

至于如何才能写出阅读量在 10 万次以上的文章，网上有大量的教程，很多都很实用、有效，关键在于你是否应用自如。

2. 最快捷的引流方式是捕捉热点

人们在移动互联网时代高度聚焦海量信息，一个热点话题很容易在短时间内引起全社会的广泛关注，如果你能搭上这个便车，自然可以为微信号引流。

首先，你要能迅速捕捉热点，及时给出用户期待的解读方式。

其次，选题的要求和原则只有一个，就是结合你的微信号定位，明确你能给微信平台的用户提供的内容是什么？有什么独特的价值？

最后，不要不加分辨地盲目追热点。互联网的热点信息有些是消极的、负面的，而且和你的微信号定位毫无关系，那就没有必要跟风。

通用：举一反三的顶级设计方案

很多本地自媒体人找我设计个人微信号运营方案，在他们看来这似乎很难，其实很多本地自媒体微信号的运营方法都是相通的，前提是你要有举一反三的能力。

设计方案不在多而在精，就运营本地自媒体而言，比较靠谱且常使用的个人微信号设计方案主要有以下六种。

1. 吸粉方案

自从微信严厉禁止诱导分享之后，加上用户对“看得见的实惠”已经视觉疲劳，吸粉变得越来越困难。不少本地自媒体人认为，礼包、红包满天飞，只要有想法，只要敢做，花点儿小钱，有时就可以捞到大批用户。

其实不然，吸粉要注意度，诱导不要过于直白，更要避免被封号，万一被竞争对手举报封号就得不偿失了。

由于本地用户有较强的互动性，本地自媒体人不妨多发布一些活动，组织本地用户参与。例如，可以是免费的夜跑活动、周末爬山或徒步。如果有一定的预算，也可以组织用户 AA 制一起外出活动，或是给予类似“转发到朋友圈减 10 元”的活动优惠。娱乐不是唯一目的，关键是要通过活动增加体验感，吸引用户关注你的微信号，吸引有效粉丝。

既然定位于本地，就一定要有活动。没有活动的本地号，靠“流氓软件”等不正当手段刷出来的粉丝迟早会弃你而去。

2. 提问方案

在用个人微信号发表文章时，不妨在末尾放一个谜语或问答，提示用户回复关键词才能看到答案。这种方法需要长期坚持,效果还是不错的,毕竟是一种投资回报率相当高的方法。至于如何才能找到比较有诱惑力的谜语或问答,可以多关注一些微信号或加一些交流群。

3. 比赛方案

只要前期预热充分、奖品吸引力大,一次活动增加上万用户的压力并不大。

如果当地的许多大赛已经不具有吸引力,不妨试试美食大赛之类的活动,总之就是通过奖品让用户分享到朋友圈。

4. 导流方案

导流主要分为线上导流和线下推广。

如果你以前运营地方论坛、微博或有一些用户资源,可以通过微信群发信息引导用户关注,配合一些活动效果会更好。

线下推广方式有很多,相关内容我们将在后面的章节具体介绍。

5. 工具方案

工欲善其事,必先利其器。互联网时代拼的是速度和时间,因此不妨借助一些微信号运营工具,让效率倍增。

例如,在做本地自媒体微信号内容运营时,如果你没有关注 30 个以上的微信号,那说明你还不能算是一个合格的运营者。通常的做法是关注同行的微信号,并且每天浏览最新的文章,从中找出几篇好的文章——这样做实为又费时又费力的体力活。如今,许多微信号助理可以实现在电脑上关注监控微信号,实现自动抓取最新文章、阅读量、点赞量等内容。

此外,好的文章排版会使用户眼前一亮,很多排版工具也可以利用起来。

6. 分析方案

数据是会说话的,关键看你是否听得懂。微信平台给我们提供了"用户分析”“图文分析”“消息分析”等很好的渠道。通过数据分析可以了解用户的相关属性，以及用户对微信号里的哪类文章比较感兴趣。以后便可以更有针对性地发布内容，而非盲目或自以为是地运营。

个人微信号运营：
选出意见领袖担当“本地代言人”

让意见领袖与你的用户对话

移动互联网时代的最大特征是出现了意见领袖。有人说，对互联网用户来说，凡是能够持续提供信息、陈述个人意见、表达观点的人都在某种程度上扮演着意见领袖的角色。

因此，运营好个人微信号，首先要学会利用意见领袖的影响力，帮助你吸引更多的用户。意见领袖是指在人际传播网络中经常为他人提供信息，同时对他人施加影响的“活跃分子”，他们在大众传播效果的形成过程中起着重要的媒介或过滤作用，由他们将信息扩散给受众，形成信息传递的两级传播。

互联网极大地拓展了传统的舆论空间，意见领袖们不再像过去那样，作为个体出现，甚至默默无闻，而是成批量地以“草根达人”“网络红人”“职业精英”等形象涌现，在微信上各自显示其重要性。

从这一点来看，意见领袖的出现在很大程度上改变了过去由商家引导消费主张和舆论的格局。

图 4–2　意见领袖剪影

某地区互联网公司设计研发了一套专门用于平板电脑文字输入的软件，这套软件用法简便，但缺点是其使用初期适应和掌握的难度较大，同时，该公司起步阶段的运营效果并不理想，它完全将希望寄托在对软件排行榜的“打榜”上，结果用户并不对榜单买账。

在这种情况下，该公司采纳了我的建议，转而在微信平台上寻找能够为自己“代言”的意见领袖。

很快，公司就联系到一位知名的网络作家，该作家是国内网络文学玄幻作品的创作代表，他曾创作了几百万字的作品，在网络上，无数读者和以他为榜样的文学创作爱好者追随着他。其十多个个人微信号的粉丝多达五六万人。由于该作家作为意见领袖时，其背后的用户群体正是这套输入法软件的主要用户，所以该公司决定与之合作。

首先，我们团队的专业人员帮该公司联系到该作家，并赠送了一台已经安装了该软件的平板电脑。接着，专门让工作人员到作家的工作室，向他展示了随时随地可以利用平板电脑输入文字的优势和特点，并介绍了产品的功能。显然，身为以写字为事业的文化工作者对此产品印象相当深刻，也饶有兴趣。于是，该公司趁热打铁，和他谈好了合作的条件。

不久后，一条看似平淡的微信消息从作家的公众号发出：“最近忙着赶稿！还好，用了朋友推荐的 ×× 软件，现在，带着平板电脑也能到处码字了！你要是想和我一样，也可以试一试，微信号是 ×××，这里有下载链接。”

这条微信发出后不久，该公司惊喜地发现，软件的下载量呈现井喷状态，一两天的下载量就达到了过去的总和。这样的营销业绩充分体现了意见领袖的影响力。

那么我们该如何利用意见领袖的影响力呢？

1. 找到为你代言的意见领袖

如果需要推介的产品是汽车，那么成功人士、保险销售专家或者企业高管等都能从各自不同的角度起到实质性的“代言作用”。

如果是儿童健康食品，从儿童影视演员到中年男女演员，再到老年学者专家都可以扮演产品的意见领袖，分别从实际用户、父母和祖父母的角度评价产品，进而产生促销作用。

在互联网时代，意见领袖的思考和表达比传统时代快了许多倍，他们的行动引领受众进入“快速思考”的状态。因此，不一定只找一位意见领袖合作，运营团队可以通过发掘产品的不同特点，确定不同的目标客户群，找到更多的、有代言作用的意见领袖来影响不同的用户群。

2. 不是谁都适合当意见领袖

某网站曾经邀请一位影视女演员为该网站的城市生活信息类服务项目做广告，同时参演的还有一头作为道具的毛驴。但广告播出后，一些人认为这位女演员的特点和网站的服务项目实在有点儿风马牛不相及，但对毛驴很感兴趣。虽然这个广告的效应也得到了体现，但邀请这样重量级的演员出演广告支付的费用和让一头毛驴进广告的成本自然不可同日而语。

找准合适的意见领袖是关键，而不是盲目地邀请名气大但并不合适的明星代言。同时，如果找的意见领袖同营销的产品特点并不合拍，也有可能造成误导，甚至影响品牌形象。

因此，在微信运营过程中，切勿盲目跟风追星，根据意见领袖的经历、年龄、公众形象、性格特点等，找到适合自己的“代言人”，才是对意见领袖最正确的应用方式。

3. 充分发挥意见领袖的优势

当你利用意见领袖的表达营销自己的微信号时，应该注意真实性和直接性。例如，在意见领袖面前具体演示产品，并以其特点打动对方，或者帮助意见领袖撰写直接感和互动感强的文本来做微信宣传，等等。

意见领袖之所以能在互联网上形成较大的影响力，其优势在于其亲和力强、真实和直接。可以设想，在电视上看见的产品，用户如果不购买很难直接得到权威的意见作为参考，而利用微信与意见领袖直接交流，则获取权威信息的可能性大大提高，同时让用户产生更强的安全感。

这样，意见领袖无媒介的特点才能充分发挥出来，助力微信号的运营工作。

发现用户反馈中的消费需求

传统的商业运作逻辑中根据企业预测和市场研究制定产品的思维正在被打破，用户开始影响并主导整个商业链条，一些用户希望能够影响产品的设计、生产制造和共赢、服务。

随着新媒体网络技术的不断兴起，以微信为代表的移动互联网产业井喷式发展，许多本地商家身处新的消费环境，运营模式也正在发生日新月异的变化。

那么在变化的环境中，在现实市场中，并非所有用户需求都是显性的，还有一些商家未发掘的隐性需求。

"冰山理论"对隐性需求也有所提及。"需求的冰山"是指用户的需求就像一座冰山（见图 4-3），这座"冰山"一共有三层：

> 第一层是上面的显性利益，比如产品、价格和质量，这是我们大多数人能看到的购买原因。实际上，这只是"冰山一角"——显性需求。
>
> 第二层是隐藏的利益，包括关系、维护和交往等。
>
> 第三层是最底层深藏的利益，也是真正影响成交的因素，包括情感、感受和信任。这往往是最容易被我们忽视的部分，也就是忽略用户的隐性需求。

所谓隐性需求，是指消费者在头脑中有想法但没有直接提出、不能清楚描述的需求。这种需求往往是生产者根据技术的发展、对市场变化的预测等提出的。挖掘用户的隐性需求，才能更好地了解和体会用户的心思，满足用户的隐性需求。

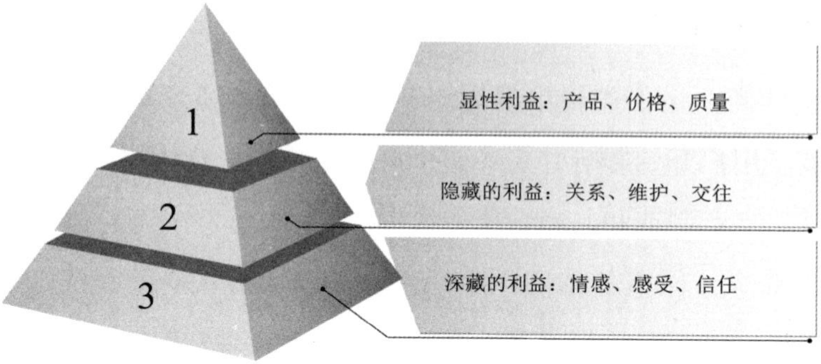

图 4-3　需求的冰山

在传统商业逻辑中，企业应该通过正规的数据分析、经验导向和主观判断，以及市场调研机构，在相当长的周期内对产品进行研发和设计。接着，通过批量和快速的生产加上高库存水平，按照不同区域和渠道将产品销售给用户。

然而，在这样的体系下，用户无法真正地影响整个产品价值链，不管是否接受，只能消费标准化的产品。因此，越来越多的用户通过不同渠道向商家表达自己的消费意愿。比如通过意见领袖，很多用户参考意见领袖个人微信号发表的评论或回复，这样的信息同样能够成为本地自媒体运营时的参考意见。

在新的竞争环境中，无论商家对用户的定位、企业形象的设计、具体营销手段的利用，还是用户关系的管理和维护，都应该做出相应的改变，并利用新的手段尽快成长。

同样，在意见领袖价值的运用上，我们也应该结合用户对其意见的评论，发现更多的市场需求和逻辑。

某地区最大的婚纱摄影连锁店为了提高微信号运营效率，邀请了当地著名主持人 A 担任代言人，同时，也将 A 的微信号作为信息的发布阵地。

每隔一段时间，A都会登录微信，查看留言和评论，同时将其中有益的部分提交给企业微信号运营团队，作为调整产品方向和营销手段的参考。

在这个过程中，该企业微信号运营团队尤其注意搜集具有建设性或能够进一步挖掘顾客需求的评论。

例如，有人在留言中提到，目前本地可选的婚纱摄影外景地太少，希望能大量开辟国内其他地区甚至国外的婚纱照拍摄线路，这样的要求很快被反馈到企业微信号运营团队那里，团队又提交给市场部门，很快，市场部就开发了新的专项产品，提供给有此类需求的消费者。

在这个过程中，意见领袖不仅发挥了品牌推广和产品宣传代言人的作用，而且起到了收集用户意见从而为企业运营团队提供市场信息、提示开发重点的作用。

无论从何种途径与渠道获得信息，如果企业微信号运营团队不重视，那么实际上在很大程度上未能有效地开发和利用意见领袖的角色。

因此，我们不仅应该进一步开发意见领袖并重视其特点，还应该充分发挥微信号作为信息搜集、双方私密互动和媒体传播平台的作用，进一步利用意见领袖的微信号获取更多用户的需求和逻辑。

对此，我们应该注意以下三点。

1. 分类并筛选用户需求

获得对产品的看法或营销活动的意见的充分反馈后，应该以客观、中立的态度，从用户的真实需求、消费心理及企业的整体经营状况等方面分析，并及时、充分地分类和筛选，见表4-2。

表 4-2 对用户进行筛选并分类

分　类	描　述
对产品或服务有期待的用户	主要是对新产品或服务的期待。在这种期待中，那些笼统、盲目和脱离现实的期待可以被归为一类，而对于精确、仔细并代表了相当一部分用户的期待，营销团队应该给予充分的重视。仔细分析用户体现的情绪和需求，进而分析企业可以通过怎样的行动和规划满足用户的需求，并熟悉用户的心理逻辑，以便在今后的营销中具体地强调和开发
对产品或服务有疑问的用户	主要是对产品或服务的技术特点、数据、型号、功能等方面的疑问。一般来说，提出此类疑问的都是较为“内行”的用户，如果能以沟通的方式让他们充分信任产品，这些用户很可能带动更多的消费力量，甚至成为新的意见领袖

2. 有效沟通并确定合作

微信运营者不能产生这样的想法：一旦与意见领袖确定了合作关系，接下来对方的任何行为都应该自行负责并必然产生结果。

意见领袖毕竟只是营销的参与者和合作者，而不是微信运营体系的构建者，如果运营者不能积极主动地与之充分沟通，即使对方发现了对企业有利的用户需求和反馈信息，也很可能因为种种原因缄口不言。

微信运营者可以采取及时沟通的方法，即安排固定员工，经常性、定时性地阅读微信平台上意见领袖收到的关于产品或服务的留言。再约定固定时间，采取固定方式，同意见领袖进行必要的沟通交流，从而获得第一手资料。

3. 履行责任并有效决策

本地商家通常是一个有机整体，仅仅依靠微信运营团队，产品或服务未必能得到广泛认可，更难满足用户越来越高的追求。当然，也不应该无视用户的留言及其表现出的情绪和要求，因为它们往往代表了企业未来的运营方向与可能性。

因此，微信运营团队在了解了用户的最新需求后，应该及时履行职责，将它们提交给企业的决策层和研发部门，并以数字形式向他们展现典型的用户需求，从而保证企业在不同部门的充分协调和精诚合作下做出有效的决策，满足用户的内心需求和现实需求。

意见领袖潜移默化的渗透力

意见领袖在互联网文化中除扮演意见传播者外，也扮演着时尚制造者的角色。在意见领袖的长期坚持下，加上时代的不断变化，很可能他们通过微信平台持续发表的意见，最终因为其背后的强大渗透力，逐渐潜移默化地改变大量互联网用户的消费观念。然而这种改变并不是一蹴而就的，对意见领袖的运用不是微信号运营中立竿见影的策略。一方面，通过意见领袖的个人微信号进行短期内的信息发布的确可以提升产品的关注度或销售量；另一方面，总是采取这种“急功近利”的做法，并不一定有助于企业的长远发展。

某男装销售企业就利用了意见领袖的高强渗透力，对其潜在用户进行了广泛的潜移默化的影响。

首先，该企业高调宣布同演员 A 先生签约，聘请 A 先生担任了品牌代言人。

其次，这家企业又提出了一些条件，在对方同意后，把 A 先生的个人微信号放在了该企业官方微信号粉丝第一的宝座上。之后，在 A 先生参加的一系列社会活动中，凡是能够自由着装的场合，都由该企业的形象设计师结合环境和气氛提前设计和搭配好着装，即使活动中未提及任何产品标识或宣传语，也能对产品起到应有的宣传作用。

最后，该企业还没有忘记同A先生在网络上的“后援团”和“粉丝会”充分互动与协作。经过微信运营团队的运作，粉丝们集体关注该企业的官方微信，并经常在各种活动中打出企业的LOGO或者A先生身穿该品牌服装的形象图片。

用户的消费观念或许已经形成，但本地自媒体人不应该忘记：消费者的消费观念形成于营销和市场，同样可以被营销和市场改变，只要方法架构得当，新的消费观念一定可以在新的意见领袖带动下形成和发展。

经过半年潜移默化的影响，一开始并没有吸引多少关注的该企业官方微信最终被用户熟知、被市场认可。

可以说，在这个过程中，选择了正确的品牌代言人作为意见领袖，以及围绕他展开的运营策略，成为该企业成功的重要因素。

那么如何充分发挥意见领袖的渗透力，影响用户的消费理念和决策呢？

1. 高曝光率

本地自媒体人在为企业挑选意见领袖时，除了需要考察候选者的公众形象、代言经历、职业和兴趣等方面外，最重要的是研究其媒体曝光率的高低。

以草根名人为例，其维持自身形象以及推进事业的方法在于维持高曝光率。因此，他们会经常出现在包括微信在内的各种平台上，无论线上还是线下，都能对其粉丝产生相当程度的影响。

如果企业尝试从草根名人中挑选合适的意见领袖，效果可能出乎意料的好。

2. 舆论影响

意见领袖自身也会受到其生活环境和舆论的影响，所以我们不仅要关注意见领袖本身，而且不能忽视其周围舆论的作用。

利用这一点，我们可以通过一系列的周边利益和平台，如其参与的项目、供职的公司或者发行的唱片、拍摄的影视节目等，制造更多舆论。这样做也能增强意见领袖对产品的影响力。

3. 注重细节

意见领袖的表达能够引起舆论、媒体和粉丝的关注，对产品或服务的推广起到推进作用。而且由于意见领袖的高曝光性，用户的注意力不仅停留在微信上他如何“说”，更关注生活中他如何“做”，只有尽可能地将产品或服务融入意见领袖生活的点滴细节，影响到具体方面，才能使人们认识和接受产品或服务的理念，最终形成独立的强大品牌。微信运营团队也不可忽视细节的沟通和交流，以及微信之外的具体形象、行为、语言和使用中表现出的产品魅力和价值。

自己当意见领袖：朋友圈该怎么玩

在很多人的眼里，微信朋友圈无疑是一个私密性很强的社交平台，大家在这个圈子里晒照片、吐槽。但是微信朋友圈绝不仅仅是一个单纯的社交平台，经营得当的话，它不仅能为本地公众号引流，还能培育公众号的核心用户。事实上，高质量的个人微信号本身就具有很大的商业价值，有些个人微信号发一个朋友圈广告的收费高达数万元。

因此，本地自媒体矩阵里，个人微信号具有非常重要的作用。

基于信任的高人气平台

生活中，我们经常见到类似的场景：孩子上了小学，刚一开学，家长们就迫不及待地互加微信，口里说着以后“常常联系、多多交流”之类的话，在朋友圈里分享着孩子们成长的喜悦；新员工刚刚入职，第一件事就是添加同事的微信，然后在朋友圈“混脸熟”，一来二去彼此熟悉起来；多年未见的同学聚会，也会有人号召大家掏出手机，彼此添加为好友，组成一个圈子……

不可否认，微信已经成为我们生活的一部分，而微信朋友圈则演化为重要的社交平台。通过这个社交平台，我们可以随时随地查看好友的生活和工作动态，可以自由自在地和微信通讯录里的每个人交流，可想而知这个平台的人气之高。

不久前，我儿子出生，我在 5 个微信朋友圈里发了儿子的照片，结果最多的一个号收到了 400 多个赞，最少的一个号也有将近 300 个赞。这 5 个微信号有将近 12 500 个微信好友(一个号我严格控制不超过 2 500 人)，算下来点赞总数为 1 996 个，也就是约 16% 点赞。这说明什么？说明活跃度大大超过 20%，看了未点赞的不好统计，但根据经验，20% 的活跃度是很保守的估计。

现在的公众号活跃度为多少呢？大约是 5%，一篇文章推出去，1 万粉丝约有 500 人打开。两相对比，朋友圈好友的活跃度要高 3 倍以上。更为关键的是，朋友圈里的人都“认识”你，相对更信任你，这才是最有价值的。

在传播理论中，有个概念叫强关系、中关系和弱关系。所谓强关系就是人与人之间的关系很紧密，有很强的情感因素维系，比如你的亲人、发小以及感情深厚的同学，你们最大的特点是掌握的信息是趋同的，强关系可以提供给你资源。弱关系就是彼此联系并不紧密，没有太多感情维系，相互重合的领域比较少，这层关系更多地体现为信息传递。相对来说，通过公众号连结的关系要远弱于朋友圈的好友。

个人微信号的好友从哪里来

我认识的很多人的个人微信号好友数量都超过 10 万（多个个人微信号的总和，由助理或员工代为打理）。这些个人微信号的影响力甚至比一个 10 万粉丝的公众号大得多。

那么问题来了，这些微信好友是怎么得来的呢？

首先，既然你投身自媒体行业，打算从中掘金，就必须有意识地利用一切机会壮大自己的微信好友群。

1. 线上

线上的来源有很多，最快捷有效的就是公众号了，可以定时在公众号文章里推送自己的个人微信号，也可以通过公众号引流粉丝进入微信群，然后通过微信群添加好友。这样做的好处在于对方本身就是你的精准用户，同时对你具备天然的信任。这批粉丝（好友）是诞生核心用户（铁粉）的最佳土壤。

这里还要重点说一下你当群主的微信群，你可以在微信群里请群友拉好友入群。然后，你再添加入群的新群友为好友，这也是壮大微信好友的一个不错的方法。另外你可以加入你目标用户的微信群，进去后逐一添加群里的人，再一个个私下问他们还有没有类似的群，可以把你拉进去，这种方式可以无限裂变。这些事情比较烦琐，如果你有团队，可以对员工进行培训后交给他们去做。

线上的其他渠道还有：微博、本地 BBS、QQ 群、微信群、贴吧、知乎、豆瓣甚至博客。例如我有一个做衡阳本地号的朋友，在其运营初期就重点在衡阳本地论坛里发表了多篇原创性强的关于衡阳保卫战的文章，然后组建了一个讨论衡阳保卫战的微信群，通过微信群添加了几百个微信好友，这些好友大多随后成了他本地公众号的铁粉。公众号推出之后，这些核心用户大力协助传播，公众号很快就完成了冷启动。

总之，只要你有心，一天增加几十个好友并非难事。试算一算，一年能增加多少个？

况且粉丝或好友的增加往往具有乘积效应，当你的影响力达到一定程度，其速度是倍增的。

2. 线下

线下非常容易理解，各种聚会是扩充朋友圈的最佳场所。你翻一下小学、初中、高中、大学的微信群，是不是还有不少人不是你的微信好友？

是的话，表明你的营销意识不强，连最便利的机会都没有利用，谈何开发开拓？

我在北京的地铁里经常看到陌生人拿手机请人扫二维码添加好友，他们才叫开拓精神！

当然，自媒体创业者基于时间成本不可能满大街请求陌生人添加好友，但起码要做到熟人都在自己的朋友圈里。参加各种聚会，也要大胆地加到场者为好友。

有些比较成功的自媒体人有机会参加各种会议或培训，甚至站在台上授课、演讲。这时完全可以利用微信里的"面对面加群"，建立一个群后再在群里发送个人微信号的二维码请群成员加好友。这种方法经常能一次性增加几百个好友。

总之，拓展个人微信号的好友并不难，只要你有信心与恒心。

最后，需要说明的一点是：个人微信号一定要按照行业或兴趣区分，比方说用微信号 A 加热心公益的好友，用微信号 B 加对健身感兴趣的好友……这样做的好处是：你可以有针对性地在朋友圈里发动态，从而引起这群人的兴趣和共鸣。

3. 用户数据库就是"天然资源"

不要简单地把用户数据库当作自己开拓出来的客户，它还是企业最重要的资源和财富，通过大数据分析整合更多的资源，从而设计更多满足用户需求的图文内容，再借助个人微信号发布，这对大数据应用和个人微信号营销也很有价值。

朋友圈动态怎么发更有效

我们都知道，朋友圈可以发简短的文字（文章需要借助美篇等第三方工具）、图片与短视频以及链接。但具体应该怎么发才能打造自己“意见领袖”的形象，而不是人见人嫌、最终被多数人屏蔽的人？

首先，要塑造自己专业的形象。实际上，并没有哪个人能够在每个行业都称得上专业。怎么办？专业的事，专业的人去做，当你运作很多个人微信号时，本地自媒体一般都实现了公司化运作，这时你就可以将某些具备专业性的个人微信号授权相关员工打理。写美食公众号文章的员工打理美食类个人微信号一定得心应手。

在塑造专业形象上还有一个取巧的方法，就是针对这个专业想 100 个或是更多的问题（话题），网络搜索寻找答案并整理好，每天发一个，这样既简单又显得你很专业。

其次，要输出价值观，人以群分，企图讨好所有人是不现实的，结果是所有人对你都没有好感。

再次，要具备人格特质。要给好友们一个活生生的、有个性的感觉。人们喜欢一个有血有肉、爱恨分明的人，哪怕有一些缺点，讨厌那些“装着”“端着”四平八稳的人。

具体到技术细节上，在朋友圈转发文章的时候，要写上自己的评论，让朋友更加信任或者产生好奇，以增加点击率。特别是你希望很多人看这篇文章的时候，例如你转发的是自己公众号里的文章。顺便提醒一下，不是每篇公众号文章都要转发所有朋友圈，全部转发反而会让好友审美疲劳，把装修主题的文章转发吃货汇集的朋友圈也并没有多大作用。所以，只需转发你认为最能引起朋友圈好友兴趣的文章即可。

在朋友圈的发布时间上，没必要做得很有规律，有一定随机性反而更显生活化。不过，上午 8 ~ 10 点和晚上 8 ~ 10 点是阅读高峰，这个时间段里至少要推送一条。其他时间段则随意。在配图上,数量不要是 5 张、7 张或 8 张,布局不好看,发 1 ~ 3 张则显得有点儿少，6 张或 9 张最合适，4 张次之。

最后，没事的时候多给好友点赞，特别要注意给有望成为你核心用户的好友互动点赞。一次点赞就是一次问好，很多陌生的“好友”，一句话都没有说过，但通过多次点赞能让彼此距离拉近，今后互动起来会很自然。当然，点赞不可以乱点，起码要看清人家说的是什么，不要人家遇到了不开心的事情你也点一个赞，那会适得其反。

第五章

引爆本地社区与用户的互动链条

——“3+2”矩阵策略之打通本地社群营销

PC 时代的社群主要是高校 BBS 论坛、百度贴吧，处于初级发展阶段，影响力有限。

移动互联时代，微博、微信等自媒体平台快速发展普及，重塑了信息的传播模式，也为社群的形成提供了便利。

随着本地自媒体的发展，社群迅速崛起，社群经济也成为新的商业形态。但是，社群并不等同于社群经济。

互联网时代的社群具有高聚合度、高互动性，也被赋予了更多新的属性和意义。

如此看来，本地自媒体人想要从中获益，实现自身的可持续成长，就必须采取适宜的本地社群营销策略，将社群用户“标签化”，从而增强成员的归属感与认同感。毕竟，庞大的用户群才是真正的金矿！

新 4C 法则：在移动互联网时代玩转本地社群

移动互联网时代的新 4C 法则

粉丝经济、参与感、魅力、协同、场景、连接……作为本地自媒体人，你对这些社群时代的重要标签一定不会陌生！

移动互联网让网络文明回归社群时代，它使身处其中的每个人和每个品牌都有机会找到与用户连接最快速的路径。如果你善于经营社群，无论个人还是企业，你都更容易取得成功，小米和“罗辑思维”就是最好的例证。

我们究竟应该如何经营社群？

在了解新 4C 法则之前，我们有必要先了解一下传统的 4C 法则。

传统的 4C 法则：

- Customer ——顾客；
- Cost ——成本；

- Convenience ——便利；
- Communication ——沟通。

其中，“Customer ——顾客”主要指顾客的需求。

新 4C 法则：

- Context ——适合的场景；
- Community ——特定的社群；
- Content ——有传播力的内容；
- Connection ——（社群网络中）人与人的连接。

简单概括，新 4C 法则指：“在适合的场景（Context）下，针对特定的社群（Community），通过有传播力的内容（Content）或话题，通过社群网络中人与人的连接（Connection）的裂变实现快速扩散与传播，从而获得有效的传播及价值。”

有一家专门针对儿童的游戏网站，目前产品已经趋于成熟。运营当地社群的本地自媒体人希望能在半年内吸引 10 万用户关注线上平台，目标用户的年龄段是 8 周岁以内的孩子，换言之是这些孩子的家长。运营预算是 50 万元左右。

对此，你会如何开展运营工作？

首先，我们可以将面临的问题拆解：活动周期短、运营预算少、注册用户指标压力大。

传统的 4C 解决方案通常是：

（1）从影响孩子的微信号入手，并在社区找到适合孩子的栏目或者活动投放广告，获得注册用户。

（2）策划活动方案，吸引家长共同参加，说服家长，获得注册用户。

（3）线下拓展。如打印小纸条在幼儿园门口发放给家长，获得注册用户。

（4）事件炒作，吸引用户。类似“神童是如何玩游戏的”这类话题形式在社区的炒作。

（5）送玩具给孩子，并携带微信号的广告或者扫描方式，获得注册用户。

以上一系列类似的营销思路都可以用。

问题是，运营后，本地自媒体人能否保证在半年内获得10万注册用户？

客观来讲，这个方案要实现，必须考虑到谁对孩子的影响最大，其中的三个要素是人、媒体和环境，还需要考虑如何触发这些要素，连接传播以及最终形成游戏社群。

新4C法则下的解决方案有以下四点。

1. 场景营销

社群的运营时间可以选择放暑假前一个月。为什么？

因为孩子在暑假的两个月中通常要走亲访友，在这两个月中，孩子们可以成为传播的“源头”：一方面他们可以为网站、公众号、微信号做宣传，另一方面可以以班级为小圈子（社群）加入在线游戏部落，从而增强用户黏性。这样就很容易获得一批新注册用户，引发规模注册的效应。

2. 社群营销

在地理位置上，目标用户群比较集中——学校的班级，这是社群运营中一定要考虑的问题。能否将孩子的线下社群及关系整体迁移到线上，将直接决定这个社群的黏性，进而决定用户社群的稳定性。

3. 话题营销

在社群玩游戏的过程中，许多孩子看重排行榜等有竞技性质的游戏元素，这种元素将进一步激发他们参与的兴趣。在暑假期间，孩子们之间沟通交流游戏心得也是对内容的一种传播。

4. 病毒营销

从统计学来看，想要有 10 万个注册用户，单一社群的用户往往是不够的，需要多个社群、跨地区的用户注册。根据病毒效应，方案可集中选择该社群附近的节点进行扩散，属于社群范围内的学校也应从区域上进行节点筛选，争取辐射更多的孩子，这就意味着会辐射更多的用户群。

通过该案例，我们可以清晰地看出新 4C 法则更能解决社群运营中的实际问题。如今，许多传统的营销方式正渐渐和这个时代脱节，作为本地自媒体人也要逐渐适应新的节奏！

社群链接一切的本质：内容

通过新 4C 法则，“罗辑思维”成功构建了一个极具影响力的“互联网知识社群”，并获取了巨大的社群经济效益。从传统 PC 媒介到微信、微博等社交新媒体，“罗辑思维”实现了传播渠道的多元化。一方面，产品内容获得多次传播，品牌的影响力扩大；另一方面，不同传播媒介间的共振形成协同传播效应，实现了传播效果的最大化。

从最初的网络视频脱口秀到微博、微信公众号，再到图书、微刊、电子杂志。“罗辑思维”不断进行产品形态和传播渠道的创新，以便能够始终保持用户的关注度。特别是跨平台的产品形态延伸，既满足了用户在移动端的产品需求，又拓展了传播渠道和内容资源。

毕竟这是一个创新求变的时代，用户很容易被新的内容吸引，也很难维持对同一产品的长久注意力。因此，产品形态的不断创新是吸引、黏住用户的重要因素。

另外，“罗辑思维”的创新还表现在推动社群成员由线上连接走向线下互动，建立起成员间的“强关系”。

例如，主创人员的全国巡回活动，围绕兴趣爱好形成的各式各样的“罗友群”，以及“罗友论道”等线下聚会互动。

“罗辑思维”的社群思维极大地提升了社群成员的活跃度和互动频率，从而增强了它的品牌凝聚力。

“互联网 +”时代，人们的需求呈现碎片化、长尾化、个性化、多元化的趋势，不断增多的信息也无限分散着人们的注意力。这时，细分用户群体和市场需求、精确定位品牌自身的发展方向就变得极为重要。

“罗辑思维”的成功正得益于它从成立之初就有明确的品牌定位：以“有种、有趣、有料”为口号，推崇自由主义与互联网思维，以“爱智求真”和积极上进的“80 后”“90 后”年轻人为目标群体。

表 5–1 “罗辑思维”对受众的精准定位

定　位	描　述
产品定位	无论是初创时的网络视频脱口秀，还是后来的微博、微信群，乃至图书、微刊、电子杂志的推行，都是在“为大家读书”理念的引导下，对产品形式的丰富和创新，其目的是使自己的“书童”角色更加合格，更具吸引力。创造符合受众需要的特色产品，这是塑造品牌、黏住用户的关键。罗振宇将自己定位于书童的角色，“死磕自己，愉悦大家”“做大家身边的读书人”。这种明确的定位使“罗辑思维”的产品形式不论如何变化，都能保持强大的生命力

（续表）

定　　位	描　　述
受众定位	作为影响力最大的互联网知识社群，“罗辑思维”主要服务于有“爱智求真”需求的80后、90后年轻群体。这一群体具有阳光上进、积极进取、求知欲和消费力强等特点。“互联网+”时代，任何品牌都能找到自己的受众，同样，任何品牌也都无法占有全部用户。因此，明确定位品牌的目标群体，是打造个性化产品的前提。例如，当前发展较好的自媒体“麻辣书生”（网络脱口秀）与“三表龙门阵”（手绘视频），目标群体分别为高校大学生和科技爱好者
个性定位	在产品同质化严重的互联网市场，自媒体需要通过不断创新，打造个性化的品牌，以形成自己的核心价值优势。具体而言，一是借助会员分级，筛选出真正的粉丝用户，并通过有效的运营，发挥品牌社群的价值；二是借助移动互联时代的自媒体社交平台，加强与用户之间的交流互动和形式创新。例如，通过微博实现主持人与微博粉丝的交流，每天固定的微信语音推送让用户可以自己选择需要的信息。“罗辑思维”的成功很大程度上源于其产品的个性化定位，有效满足了用户需求

“罗辑思维”的持续发展正是源于其坚持内容至上的品牌塑造原则。“互联网+”时代，人们的眼球总是被更新的内容吸引，注意力成为一种稀缺资源。对品牌社群来说，吸引注意力、链接用户的关键就是不断为用户提供高质量的内容。

此外，还可以通过以下两点帮助社群迅速成长起来。

1. 互动是社群持续的基础

互动是社群持续成长的基础，也是增强社群成员认同感与融入感的最佳途径。

例如，通过与不同商家合作，为会员提供电影票、书籍、零食等“罗利”。收到礼物的会员通常会在自己的社交媒体上分享照片、感悟，以此形成与社群的互动。再比如，“罗辑思维”设置了一个“会来事”版块，所有会员都可以参与里面的问题或项目的讨论，以便借助社群的力量形成最佳解决方案。

除了线上互动，“罗辑思维”还积极组织和推动会员的线下互动。如上面提到的“罗友论道”，以及各种“罗友群”组织的线下活动。这些线下活动更容易激发成员的交流欲望，提高互动的频率和有效性，从而增强成员的社群融入感。

当然，除了有效整合线上线下互动、实现价值创造的多元化，罗振宇独特的个人魅力也是“罗辑思维”能够吸引到众多粉丝的关键因素。作为“罗辑思维”的创始人和主讲人，罗振宇一直坚持自己的初衷：“做大家的疯狂书童。”借助幽默风趣的表达形式、独特新颖的内容观点、谦和平等的对话讨论，罗振宇获得了受众的广泛认同，成为“罗辑思维”的意见领袖和精神标杆。

“罗辑思维”充分发挥了互联网自媒体开放、多元、共享、共赢的特质，通过各种形式的互动，为成员创造价值，从而极大提升了成员的品牌黏性。

2. 内容是链接用户的保障

作为创始人的罗振宇十分注重推送内容的质量。例如，为保证每天早上 60 秒微信语音的推送质量，罗振宇一般会重复录制很多遍，以达到最佳效果。再比如，罗振宇在分享读书心得时，不仅涉及政治、经济、文化、历史、科技、互联网等各个方面的题材，而且注重表达形式的趣味性，以生动的案例，引导用户思考有意义的话题，从而使受众在轻松的氛围中获得更多的知识。

正是这种高标准、广范围、专业化与趣味性相结合的内容创造，塑造了“罗辑思维”独特的品牌形象，从而不断吸引更多的注意力，建立了与社群成员之间的强关系。

引爆本地社群与用户的链条

“罗辑思维”作为社群运营的一次尝试，取得了巨大的成功，也为社群模式下的营销提供了借鉴。

但是，“互联网+”是一个不断创新求变的时代，“罗辑思维”现在也正面临诸多挑战。凤凰卫视的《开卷8分钟》、辽宁卫视的《老梁观世界》和央视的《开讲啦》等节目都是基于传统媒体平台的自媒体品牌尝试。

因此，“罗辑思维”需要平衡好效益获取与用户体验，尽可能降低商业元素对成员社群体验的影响。同时，充分利用自己的先发优势，在内容创新方面多下功夫，不断跟进瞬息万变的互联网市场需求，从而引爆本地社群与用户之间的链条。

“罗辑思维”的成功为本地自媒体社群品牌的营销提供了很多可供参考的方案，见表5-2。

表5-2　本地自媒体玩转社群的几个关键要素

定　　位	描　　述
整合	不断创新产品形态和媒介渠道，有效整合品牌社群的线上线下资源，实现多平台的产品形态和传播方式
精准	精准定位目标群体，通过分众传播的方式为用户提供多元化、个性化的产品内容，从而形成高度互动与聚合的品牌社群
情感	塑造核心价值理念，通过多样化的互动形式，不断为社群成员创造价值，以此增强成员的价值认同和情感融入，建立起品牌与受众间的强关系
内容	需要建立专业、高效、优质的运作团队，以创造出高质量、有特色的内容，形成核心竞争优势，从而保持自媒体品牌对受众的持续吸引力。毕竟，优质的内容是本地自媒体吸引流量、黏住受众的关键

社群运营：

从个人用户思维转向社群思维

解构真正的社群

“罗辑思维”作为一次基于自媒体的社群运营尝试，已经成为极具知名度的互联网社群品牌，并被视作国内社群经济模式的典范，可谓当前影响力最大的知识型社群。与此类似的还有豆瓣、知乎等网络社群，也受到“爱智求真”的年轻群体的青睐。为社群经济视角下的本地自媒体运营带来了启发。PC 时代的社群主要是高校 BBS 论坛、百度贴吧，处于初步发展阶段，影响力有限。移动互联网时代，微博、微信等自媒体平台快速发展普及，重塑了信息的传播模式，也为社群的形成提供了便利。伴随自媒体的发展，社群迅速崛起，社群经济也成为新的商业形态。

互联网时代的社群是指基于共同的兴趣、情感、价值或利益，围绕某个具体的话题或品牌，通过网络平台聚合在一起、有着紧密交流和互动的人群，具有高聚合度、高互动性的特点。

如此看来，本地自媒体想要获得经济效益，实现自身的可持续成长，还需要采取适宜的营销策略，将社群用户“标签化”，以增强成员的归属感与认同感，强化用户的社群黏性。

“标签化”就是本地自媒体通过内容生产、价值塑造、理念传达等方式，将社群成员与其他人群明确区分开，使成员形成明确的社群身份意识，并且高度认同这种身份。

因此，本地自媒体人必须打造出自己的特色品牌，围绕品牌构建互联网社群，并通过各种途径获取社群经济效益。具体而言，网络社群得以在微信等平台上迅速构建，主要借助了本地自媒体个性化传播及聚众传播的特点。

1. 个性化传播

本地自媒体在内容生产、信息传播等方面具有交互式、去中心化的特点，注重自身的开放性与互动性。用户不再只是被动的接受者，而是主动参与到自媒体的内容生产和信息扩散过程中。这又反过来促使本地自媒体不断变革更新，通过分众传播为不同需求的用户提供个性化、多元化的产品或服务。

“互联网 +”时代，人们的注意力被不断更新的信息分散。碎片化的场景选择对信息传播越来越重要。分众传播就是细化目标受众的场景需求，不断提供个性化、特色化的内容或产品，以吸引更多流量，增强用户黏性。

2. 聚众传播

聚众传播指本地自媒体将网络中多元化的信息、渠道和用户聚集起来，在实现内容表达和信息传播的同时，让同质性的用户能够发现彼此、形成互动。进而，通过本地自媒体平台，用户聚合在一起，形成社群。

简单来说，就是任何用户都可以通过本地自媒体找到自己需要的内容或产品，以及具有同样需求的其他人。本地自媒体则借助内容生产、多渠道传播等方式把这群人变成自己的用户，以此实现同质性人群的聚合与互动，从而形成社群。

总之，本地自媒体是互联网发展的产物，其为以往缺乏表达渠道的人们提供了分享自我的平台，因而很容易吸引大量社群用户。

利用社群思维区分本地用户

2015 年 8 月 6 日，由腾讯举办的以“有群，有趣”为主题的中国互联网移动社群大会在北京国际会议中心召开。大会由一个主会场和“社群开放”“明星音乐”“动漫文学”“游戏”“区域社群”五个分会场构成，从六个维度呈现出一个与众不同的中国互联网移动社群大会。

腾讯集团高级执行副总裁汤道生、腾讯集团副总裁殷宇、腾讯集团副总裁彭迦信等腾讯集团代表，著名财经作家吴晓波、清华大学教授沈阳等多位企业、行业领袖莅临现场。

汤道生认为：“如今移动社群时代升级，移动社群的玩法会更多，商业机会也更多。腾讯开放平台战略将进入第五年，累计分成已经超过 100 亿，造就了 10 家以上的上市公司。随着 QQ 社群体系的开放，这将意味着新一轮的创新与商业机会即将到来，是社群经营者与应用开发商必须抓住的新机会。”

既然社群是个机遇，我们该如何把握住机遇，避免它从指间溜走呢？

随着移动互联网的发展，用户获取信息的渠道逐渐发生变化，大数据以及移动互联网技术的发展为用户获取信息提供了多样化的渠道，降低了用户对传统媒体的依赖性，用户由被动接受信息转为主动获取信息，同时使用户需求逐渐得到细化。而与本地自媒体同时成长起来的年青一代，更是享受了它所带来的便利。

可以肯定的是，随着社群的成熟，本地自媒体将发挥越来越重要的作用，取代传统营销模式，成为本地企业网络营销的主要渠道。本地企业也应顺应时代发展的潮流，积极革新，利用本地自媒体玩转社群运营。

与传统方式相比，本地自媒体运营社群有多个优势，见表 5-3。

表 5-3　本地自媒体运营社群的优势

优　　势	描　　述
自主	让用户自主选择并有效互动
成本	降低了营销成本
创意	提升了广告的创意空间
精准	更精准化的客户定位，满足个性化需求
用户	让用户帮你创造社群，并一起吸引更多用户
数据	巨大的数据库营销宝藏
危机	能有效面对危机公关

社群让用户有了更多的选择，也让商家能更好地区分用户。在传统媒体时代，由于技术相对落后，广告无法准确有效地传播企业品牌。如今，许多本地自媒体为广告设计融入了大量的创新元素，增强了广告传播的效果，使得本地商家可以根据广告效果收取费用。

那么社群究竟可以帮助企业或商家做些什么呢？根据表 5-3 中提到的几大优势，我们来做如下分析。

1. 降低成本

在互联网时代，本地企业有了更多的营销渠道，可以更充分地传播产品信息，树立品牌形象。以前，企业需要投入人力、物力、财力创建网站，还要定期更新内容，雇用专业人员维护，耗费了大量的时间和金钱。

本地自媒体的出现不仅拓宽了企业网络营销的渠道，而且降低了传播成本。只要企业发布的内容有新意，能够引起用户的共鸣，他们就会主动传播。

例如，企业发布了一条产品信息，引起了某个用户的注意，他便会转发到自己的朋友圈，引起其他好友的关注转发，从而以幂次增长速度传播，在短时间内就扩大了信息的传播范围。本地自媒体的发展加快了信息传播的速度，企业可以用低成本投入实现有较大影响力的传播。

企业还可以通过搭建一些免费的社群进行营销，如在豆瓣建立小组，定期推出话题活动；在百度上建立词条；在微信上注册微信公众号；在微博上发布产品信息，与用户实时沟通；在人人网建立官方账号。利用一切可以利用的资源，通过赠送奖品或者促销活动加强企业与用户的互动。

2. 精准定位

与传统媒体相比，本地社群最大的特点是为用户提供个性化、定制化的服务。

例如，用户在自己的社交圈中谈论买足球的事，后台系统获取这一信息，便预测该用户有这个需求，那么在其后一段时间内，即使该用户不再谈论足球，系统也会定期向他推送足球运动的相关用品。

随着移动互联网的发展，用户越来越喜爱能够突显其个性的产品，市场也根据用户的需求不断调整营销策略，而大数据以及移动互联网技术的发展为商家了解用户的需求提供了便利，使其能够精准定位用户。

例如，经常在社交平台上分享自己的穿衣心得、美妆经验的人，极可能是比较时尚且经济收入较好的人。通过准确获取用户的信息，企业可以科学决策，实现精准营销。

3. 人际传播

互联网的发展为人们提供了海量的信息，但同时也增加了企业决策的难度。为了实现科学决策、精准营销，企业必须获取大量的信息。而让用户参与企业的网络营销，既可以降低企业获取信息的成本，又可以保证精准决策。通过与用户的互动沟通，企业可以获取更多的信息，从而不断调整产品的研发方向。

传统营销是面向所有受众，采用的是大众传播，而社群运营则是面向一定范围内的每一个用户，采用的是人际传播。因此，在本地自媒体时代，企业网络营销要重视与用户的互动沟通，要让用户参与产品的营销，以此扩大产品的辐射范围。

如果企业在社群运营中没有带动用户参与进来，那么即使企业投入再多的成本以及精力，也无法达到设定的目标，反而是事倍功半。

在本地自媒体时代，用户成为社群的中心，用户需求决定市场走向，同时，用户也更容易体验到个性化、定制化的服务。

4. 创造产品

用户获取信息的渠道越来越多，也可以更便捷地参与产品的设计，既是产品的制造者又是产品的用户。

App Store 运营初期，苹果公司在互联网上广泛征集用户意见，苹果公司后台负责销售和下载用户编写的程序。如果用户编写的程序成功出售，那么会得到一定比例的资金作为奖励。苹果公司的这套方案很大程度上激发了用户的积极性，也减轻了苹果公司的工作负担。

截止到 2011 年，App Store 上已经有近 20 万个应用程序，总下载次数高达 15 亿次，平均每个应用程序的价格为 2.85 美元。

企业借助忠实用户的力量不断扩大产品的营销范围，树立品牌形象。

因为参与企业产品设计的用户希望更多的人了解到自己的创意，所以会不遗余力地帮助企业宣传产品，让更多的用户体验。用户的这种行为直接为企业带来了更多的粉丝，促进了企业的发展和用户社群的形成。

而让用户参与到产品的设计中来，能够激发用户的创造力和活力，挖掘他们的潜力。奖励为公司发展做出贡献的用户，能够吸引更多的用户，并形成用户黏性和培养忠诚度。

本地自媒体为用户参与产品设计提供了便利的渠道，将产品人格化，而这些带有情感特征的产品在传播过程中更容易引起用户的共鸣，从而成为企业的忠实用户。

5. 创意广告

移动互联网技术的发展催生出多样化的营销形式，有病毒营销、数据库营销、社区营销、焦点渗透、口碑传播、反向沟通、互动体验、精准营销、事件营销等。

在本地自媒体时代，用户更加注重广告的内容，尤其是创意，富有新意的广告容易吸引用户的眼球，并促使他们主动传播。创意能使广告产生巨大的威力，吸引更多的用户。新技术层出不穷也为企业策划提供了源源不断的灵感。企业可以在网上获取多方面的信息，不断完善广告方案，为网络营销提供新元素，从而吸引用户的注意力，扩大传播范围。

6. 数据宝藏

脸谱网在全球有 6 亿注册用户，这意味着它能够精准获取用户大量的信息，将这些潜在用户变成粉丝。目前，脸谱网要解决的已不是如何盈利的问题，而是如何提供给用户更高品质的体验。

用户在类似的社交平台（社群）注册时，会填写个人详细信息，如姓名、年龄、职业、兴趣爱好、地址，从而可以看到来自相同地区或者从事相关职业的人，并且用户会在社交平台上分享跟自己有关的事情，比如苹果又出 iPhone 6s 和 iPhone 6s Plus 了，最近想买一个名牌包……这些无意识的行为便成为企业竞相争夺的资源。

总之，社群的发展扩大了企业获取用户信息的渠道。在日常生活中，用户通过社区平台交流互动，企业可以通过多元化的手段获得用户信息。而大数据以及移动互联网技术的发展，为企业获取用户信息提供了技术支持，并且可以通过分析预测出用户的消费趋势，便于吸引潜在用户。

7. 解除危机

公关是企业在发展过程中处理企业的内外部关系，包括员工与员工、组织与组织之间的关系，良好的公关关系能够树立正面的企业形象。随着移动互联网技术的发展，每个人都可以是信息的发布者。因此，企业正面或负面的形象都可能被传播。对此，企业应合理有效地利用本地自媒体，完善公关模式，树立正面的企业形象。

本地企业要明白，舆论的力量是巨大的，也是很难控制的，但这并不意味着企业束手无策、只能听之任之。信息趋向碎片化，舆论难以控制，这些都对企业构成新的挑战。因此需要在危机爆发的初期就积极应对，采取有效的手段缓解和控制。企业要学会如何在这个危机四伏的时代有效面对公关危机。

社群营销：

点燃本地社交关系链，让用户“动起来”

场景是社群的灵魂

互联网争夺的是流量和入口，而本地自媒体时代的社群营销争夺的是场景。

在瞬息万变的“互联网＋”时代，企业只有拥有敏锐的洞察力，才能在下一波浪潮来临之时调整自己的姿态乘风破浪，否则即便是“航空母舰”，也有可能被掀翻。目前，在国内移动互联网领域占据领先地位的企业无一例外都是构建场景的高手。

滴滴和快的的竞争本质上可以看作阿里巴巴和腾讯在营造支付场景方面的角力。

小米在自己的智能硬件“帝国”崛起的同时，从未停止构建一个用户能使用小米手机进行各种操作的场景。

陌陌之所以能够冲破微信的重重包围杀入华尔街，根本原因就在于它能够帮助用户构建一个和微信截然不同的陌生人交友的场景。

腾讯游戏得益于其重视社交场景的建设对游戏性的影响才如此成功。

阿里巴巴则通过自身完善的生态服务每时每刻都在构建支付宝的支付场景。

场景时代已经来临，如果企业故步自封，拒绝打造场景，那么恐怕社群也很难建立起来。

一次成功的社群营销必定拥有适合企业构建场景的方法论，但是所有方法都不会背离以下三个核心原则。

1. 具体

携程曾经和太平洋保险合作在其 App 上销售航班延误险，但是销售量并不尽如人意，主要原因就在于携程营造的购险场景不够具体，对用户的推动力不足。试想，如果用户在购买机票时，App 在购险按钮旁显示该航班晚点率高达 75%，用户的购买率会不会提升？

2. 自然

例如，360 手机卫士在用户收到流量不足的短信提醒时，会引导用户购买流量包，构建这种流量包购买的场景非常自然，用户更容易接受，而反观同是 360 旗下的手机助手，每天不停地给用户推送各种下载应用的通知，则让人不胜其烦。

所以，场景的构建应该顺理成章，要在用户觉得合适的条件下触发，不能无中生有。

3. 触点

仔细想想，你的手机里是不是也有 80% 的 App 是不经常用的？每个手机里都有很多这样大多数时候被用户遗忘的 App。因此，即使应用程序内有非常完善的场景构建体系，用户不主动使用，这些场景也无法对用户产生任何影响，更不会形成社群。

在用户的使用环境中，其实存在非常多可供场景化的触点。比如，位置信息、通知栏消息或短信都可以作为场景化的触点。其中，短信是作为场景化触点内容最丰富，也最容易被人们遗忘的一个。

例如，可以利用机票短信构建预订目的地酒店的场景，可以运用银行账单短信轻易构建出分期付款的场景，甚至可以用水、电、煤气账单短信构建移动支付的场景，从而引导和培养用户的某种消费行为习惯。

内容是传播的核心力量

本地自媒体时代，信息的即时传播性更强，也突破了时空的限制，它不仅改变了社群的信息生产和传播方式，而且使社群的营销形式呈现出新的特点，进而影响用户的行为习惯。

我不止一次地强调内容的重要性，市场对各种数字信息内容的要求逐渐提高，这就意味着企业需要加大对内容生产的重视程度——这才是社群传播的核心力量。

既然传播的媒介环境发生了变化，内容生产也需要与时俱进。为了满足社群用户更多的需求，作为内容生产者应该充分利用各种信息资源，及时转换思维，不断发掘具有潜力的信息内容，升级产品形式，拓展业务范围。

1. 多元化

与传统互联网时代相比，移动互联网时代的内容生产呈现出新的特点：用户的活跃性增强，受众在接收传播者提供的内容后加以改造创新，作为新的传播主体与其他人共享信息内容。除了机构性生产，个体生产也成为新媒体内容生产不可或缺的一部分。

与机构性生产不同的是，社群里的每个用户都可以作为个体性生产的主体。用户在制作好信息内容后，将其上传到社交平台与其他人分享。受众的被动地位也发生了明显的改变，每个用户都可以成为传播中心，通过微博、微信、播客、网络论坛和社区传播信息内容，而且这种传播不受时间与空间的限制。

在社群渐渐形成的同时，将有越来越多的人成为个体性内容生产者，由用户自己参与制作的信息内容也获得更多人的青睐。

2. 终端化

多数传统媒体只能满足用户浏览信息的需求，相比之下，各种各样的新型终端不仅能够呈现信息内容，还能使用户成为信息传播的主体。因此，内容生产将实现平台化发展，颠覆传统的信息生产、集成及销售模式。

平板电脑、智能手机等移动终端的诞生，进一步拓展了内容量，此外，内容集成不再局限于平面思维，而是呈现平台化发展趋势。

移动互联网的普及推动了社群形态的多样化发展，无论是台式电脑、笔记本，还是平板电脑、智能手机、电子阅读器，抑或互联网电视都能够满足用户对海量信息的需求。除了向用户提供所需信息外，它们还添加了各式各样的应用，用户如同身处由多样化内容终端构成的信息网络中，在任何时间、任何地点都可以轻松参与信息交互与传播，迅速形成社群。

3. 社区化

用户在购买内容产品时，除了考虑该产品的实用性，还要考虑能否满足与其他用户之间的交流互动。这就要求企业将社区与内容融合成一体，满足用户的多样化需求，逐渐提高用户对媒介产品的依赖性，同时加强与其他用户的关系。

进入本地自媒体时代，媒介产品的生产者致力于在用户与媒介之间打造一种依赖性更强的新型关系。

如今，除了提供相关内容及用户所需的各种信息外，社交产品、网络游戏、娱乐产品等都属于本地自媒体人生产的范畴，这意味着，身处本地自媒体时代，社区除了能够进行产品与品牌的推广，还能在内容生产方面发挥作用，经营方也可以用它来整合多样化的产品。

让“病毒”流行起来

病毒式营销传播的当然不是真正的“病毒”，它是一种常见的营销方法，在互联网时代使用得更加普遍。

因为采取特殊方式和途径传播更快捷，更具可复制性，能够像病毒那样迅速蔓延，所以病毒式营销表现出有别于传统营销方式的高效性，能够在用户之间自发实现“点对点”传播，同时节约了企业花费在营销上的成本，因而非常适合基于微信平台的营销。实际上，一家企业之所以选择这样的营销方式，其原因在于病毒式营销能够让社群里的更多用户发现企业提供的利益，让更多用户在匆忙的选择和利益的权衡中找到自己的真正需求。因此，病毒式营销需要由专业的营销团队将产品的最初信息发给用户，然后依靠用户的自发宣传将信息传递给更多的人。

这就意味着，通过营销团队的最初努力可以实现“让大家告诉大家”，借助最初的用户为你宣传，使用户成为“营销杠杆”，充分放大营销效果。

利用“社群＋病毒式营销”，最初的用户在得到及时的鼓励之后，能将产品或服务的相关信息传递给社群中的其他用户。

某地区的一个药品销售商新开设了几家分店，在每家分店

> 的门口都贴上了该销售商的微信号二维码，还推出了优惠活动：凡是将自己在该药店购买药品以后对服务的感受、对产品的评价或者其他内容写成文章，并通过该销售商微信提供的网络接口发送到该社区的健康论坛，即可在下次消费时享受七折优惠。
>
> 活动一经推出，加上各分店的服务态度和产品质量的确不错，很快吸引了不少顾客，他们关注微信号进入论坛发帖。通过这样的方式，更多的潜在用户了解到这家连锁药店，促进了药店的销售。

该药品销售商所做的正是典型的基于“微信 + 互联网”平台的“社群 + 病毒式营销”。通过设置合理、简便的渠道，用户只需要付出“傻瓜式”的努力，就可以充分传递企业希望他们传递的信息，极大地保障和提高了营销效率。但在具体执行的过程中需要注意以下三点。

1. 操作简单

如果传播渠道过于复杂，即使用户原本有主动传播信息的渠道，也很可能因为不得其法而迅速放弃。

在一个社群内进行病毒式营销比较容易，企业可以通过吸引用户，激励他们在社群分享和推送消息。但企业不应该只将范围限制在这个平台上，实际上，微信和其他途径的充分结合，可以让那些在微信上得到消费邀请的用户，更容易地根据个人喜好选择信息扩散方法。

当然，对扩散的过程可以放手，但并不意味着对扩散的结果没有相应的管理和反馈。我们可以通过微信公众平台控制、引导、了解和检查用户的信息扩散结果，并给予更多优惠作为奖励，或根据已有的传播效果，进行必要的营销战略调整。

2. 有执行力

什么才是用户加入病毒式营销的真正动机呢?

如果你认为，所谓病毒式营销就是用奖励或优惠政策同用户做交易，换得他们同意扩散信息的结果，这样的病毒式营销即使成功，也是暂时的，并不一定能持续。

其实,像药品销售商案例中那样,将“经验分享”等同于“扩散消息”，或者将“亲情分享”放在病毒式营销中，以及利用节日人们之间的相互祝福增强用户扩散消息的动机，都能够让用户产生更加合理、自然和持久的动机。

这样的动机由于发自内心,因此更有利于企业,也能让用户乐在其中。

3. 服务保障

靠虚无缥缈的宣传或者简单的奖励刺激，并不是真正的病毒式营销。因为病毒式营销首先要有“病毒”存在——良好的产品和优秀的服务，才能成为企业展开“病毒”不断自我复制的有效基础。

例如前文案例中提到的药店，它不仅有着整齐的货架、明净整洁的环境、丰富正规的产品，而且有服务态度良好的导购、专业知识过硬的药剂师及严明的工作纪律。正因为如此，社群里的用户进店后不仅能够产生消费冲动，离店后也会产生向社群其他用户继续推荐的冲动。

在这样的社群关系中，既有产品又有服务，才是决定性的基础，病毒式营销最终比拼的还是产品或服务对用户的吸引力。

第六章

打一场基于创新的本地线下布局之战

——“3+2”矩阵策略之线下活动布局模式创新

线上活动和线下活动，二者原本并没有直接联系。但是在互联网时代，想要在模式上创新，就要将二者结合。

例如，可以通过微信营销团队对渠道的建设和维护得以实现，也可以让每次线下活动演变和转化为基于线上平台的聚合。

在智能手机普及的今天，用户之间的微信互动往往与线下购买同时进行。这让线下和线上的活动边界变得更加模糊。

为此，本地自媒体人必须重视线上线下结合的矩阵策略。

当然，看似传统的线下活动在今天也有了新的变化和意义，它不再只是传统意义上的“只在线下开展活动”就万事大吉，而是基于互联网平台和实际市场需求，通过一系列线下活动的运营打通全渠道营销，领跑 O2O。

线下布局：
打造丰富多彩的本地线下活动方案

步骤 1：重新定义产品和市场

企业的线下布局可以不重视品牌，比如路边摊，也可以忽略价格，比如慈善公益捐赠活动，但是产品、渠道和受众三要素缺一不可，否则线下市场难以形成。线下布局的本质就是产品通过一定的渠道到达一定的受众（用户）。想要准确布局线下活动，首先要明确你的产品和受众市场是什么。你可以通过对产品、渠道和受众的分析，初步判断未来市场的发展方向，接着再有针对性地合理策划更多线下活动。

要素一：产品

产品是驱动线下活动的第一要素。企业需要产品创造高价值，产品价值足够高甚至可以产生弱化渠道的作用。比如，iPhone 刚面市的时候，不用它求助渠道做促销，反而各个渠道都在争抢它。而用户觉得哪个渠道能买到 iPhone，哪个渠道就是好渠道。

反过来，产品如果难以创造高价值，主动权和话语权就掌握在渠道手中，和渠道争抢主动权和话语权就难免会引发一场拉锯战。一些企业会刻意营造出产品被疯抢的虚假线下活动，可惜不会长久，在讲究虚实结合的营销中，没有“实”来托底的“虚”注定会像泡沫一样破灭。

可以说，能找到产品驱动力，就可以把更多利润和主动权、话语权控制在企业自己的手里。

要素二：渠道

评定一家当地企业渠道布局能力的方法很多，简单来说决定渠道能力的核心有两个：渠道覆盖面和接触点的转换。

渠道覆盖面解读起来很简单，举例来说，1 000 家店为 1 家企业卖产品和 100 家店卖的效果肯定是不同的，渠道覆盖面越大越有利于销售是众人皆知的道理。但是，仅有覆盖面肯定是不够的，还要每一个接触点的转换频率足够高，所谓的接触点体现在线下，比如店铺中产品有没有摆放在好位置、店员有没有倾力推销产品，这些都决定了店铺这个接触点的销售转换频率。体现在线上，产品关键词在搜索引擎的位置是不是靠前，描述是不是足够打动人，都是决定销售转换频率的因素。

许多国内中小企业要么严重依赖渠道，要么自建渠道。打通渠道对企业来说是见效最快的方式，但它也是一把“双刃剑”。渠道不良，产品卖不出去；渠道过于优越，企业就没法掌握主动权和话语权。

要素三：受众

受众影响线下布局主要体现在：粉丝受众和品牌受众。

粉丝受众最大的特性是以信念凝聚粉丝的力量，这种形式下的企业或者组织向受众输出的并不局限于具体的产品和服务，而是一种信念。比如非政府组织里有很多无偿工作的志愿者，就是因为它树立了强大的信念，这些信念又能够得到受众的认可。在商业中这样的例子也屡见不鲜，很多人因为汽车品牌特斯拉的环保节能理念成为它的粉丝，自发地为特斯拉做推广。

品牌受众是一种普遍的受众形式，品牌实际上就是受众对生产者或者产品的印象。品牌在不同商业时期的作用也不尽相同,过去受条件所限，同类产品知名的品牌较少，人们可以只认品牌。如今随便打开一个购物网站，同类产品的品牌不胜枚举，用户掌握的比对信息更多，品牌的影响力就会被相对弱化。但是品牌的核心作用始终没有改变，那就是解决信任的问题，品牌受众需要大预算的投入，相应的品牌推广者也能够得到足够的因品牌驱动而获益的反馈，所以品牌受众是比较有效的形式。

掌握这三个要素，就可以进一步打造丰富多彩的线下活动了。

步骤 2：构建线下布局价值链

一家企业可能通过线下布局一夜成名吗?这是许多企业和本地自媒体人都非常关注的问题。在一些人眼中，低投入、高回报、见效快的线下活动推广就是营销的核心或者企业的营销诉求，这种想法可以理解，但不是一家企业一夜成名、家喻户晓，线下的问题就自然解决了。毕竟，活动可以无限打造，市场和用户对企业的关注度却充满了不可控因素。

如何利用有限的资源赢得最大的关注度，构建线下布局价值链，是一个让很多企业头疼的问题。

于是，一些小微企业就会把品牌推广提到营销的首位，往往为了博取关注而致使市场部沦为宣传部。问题的核心在于，理智的用户愿意为企业的产品埋单，不可能完全源自品牌推广，他们看中的是产品或服务的价值。

品牌推广可以聚焦更多人对产品和服务价值的关注，但如果最终关注的结果是产品不符合用户的心理预期，反而会弄巧成拙，搬起石头砸自己的脚。

重视线下活动，却不重视打通价值链变现策略，甚至连价值链上的渠道、销售、产品等环节的理解都不清楚，更没有和研发生产之间形成良性互动，最终线下活动往往让企业陷入价格竞争。

一般来说，企业营销团队组织的线下活动应该具备四个特点，见表 6-1。

表 6–1　线下活动的特点

特　　点	描　　述
实用性	不少微信线下活动暴露出的明显问题是缺乏实用性，或许起初用户会因为活动本身的趣味性前来参加，数次活动后，他们发现参加这些活动并没有多少实际意义。例如，一家影院曾经多次举办线下活动，用户通过微信报名参加活动，并有机会获得打折观影卡。但活动举行一段时间后，用户发现在当地团购网站上只需数十元就能买到这家影院同样的打折卡，于是线下活动很快失去了吸引力。用户不仅希望体验线下互动的乐趣，还希望自己因为“微信—线下—收获”这样的链条得到那些并没有进入微信平台的用户无法获得的实际利益
持续性	一些企业的营销团队从线上到线下开展各种形式的营销，从 QQ 群、论坛、微博到微信，从门店营销到社区营销再到组织活动等，虽然大范围、多样性是好事，但是营销人员的总体构成、营销能力和团队素质无法保证在所有营销项目上都得到充分收益，反而影响了每项具体营销的成绩。以微信线下活动为例，一些企业半年甚至一年进行一次微信营销，活动结束后再无下文，用户无法通过微信了解企业或其产品，这样缺乏连续性的微信线下活动显然不具备竞争优势
时效性	活动的时间长度需要一定的保证，过短的活动时间无法带给参与者足够的感受，也就不能产生必要的营销力。一般来说，线下活动起码要保证 2~4 个小时，活动的频率则需要根据产品更新速度、企业营销需要、品牌成长速度和用户个人的工作和时间等适当地安排。已经在微信平台上具有一定影响力的企业通常每月做一两次线下活动就可以保证基本需求

（续表）

特　　点	描　　述
主题性	线下活动并不是企业盲目邀请一些微信好友坐在一起喝茶聊天。具备丰富经验的营销团队应该能够在不同的节日、不同的时间段选择不同的微信好友，并结合上述因素设置不同的主题开展线下活动。例如，巧克力制造商可以在春节期间邀请30多岁为人父母的用户，组织以儿童健康食品为主题的活动；在情人节邀请大学生用户，组织以浪漫爱情和巧克力为主题的活动；在重阳节邀请老年用户，组织以夕阳红和黑巧克力有益健康为主题的活动……如果每家企业能够将其线下活动做到这样的主题分类，营销人员将会发现微信同活动的整合性将体现得更充分

那么除此之外，企业到底需要打通什么样的价值链才能满足线下布局的需求呢？

1. 产品诉求

线下布局中有一个很容易被忽视却又至关重要的职能，那就是产品市场职能。

一些在业界摸爬滚打多年相对成熟的企业，虽然不知道如何赢取市场关注度，但是对自身的产品和服务价值信心十足，且自认对同业竞争对手的产品和服务了如指掌。其实，这是一种带着错觉的自负，原因就在于企业只是基于自身、基于行业、基于竞争对手，而没有基于用户这个源头需求来审视自己。

当企业过分地把注意力放在竞争对手或者同行业上下游伙伴身上的时候，也该想到如果出现对对方源头需求理解的误差，与源头的隔阂就会更深。所以，企业应该基于源头需求也就是用户对产品的诉求布局线下活动。

2. 市场职能

企业需要产品市场的帮助来直面用户的需求。下一步能否建设好产品市场的职能，是关乎企业能否在线下布局中创新的问题，而建设不好产品市场的职能，就只能去模仿别人的产品，再圆满的线下活动也变得毫无意义。

3. 场景分析

乔布斯说过："我从来不做市场调研，因为人们根本不知道自己要什么。"他援引了100多年前福特的说法："如果你问用户他想要什么交通工具，几乎所有人的回答都是一匹跑得更快的马，没有人能告诉你他需要一辆汽车。"

在线下布局过程中总会存在一些误区，任何时候并不是单纯地借助数据就能够反映复杂的人性，采用场景分析的方法同样是洞察源头需求的重要手段。

总之，卓越的企业必然建立起顺畅的销售价值链系统，而价值链的核心直指市场源头需求。只有保证企业的价值创造，使所有线下活动紧密围绕源头需求展开，才能在线下布局中形成核心竞争力，在一定范围内创造只属于自己的独有的市场，享受丰厚的利润。

线下运营：

开展线下创新活动，抓住利润的尾巴

促销活动：吸引用户参与

用户的购买心理往往是一个从低到高的过程，所以在做线下促销活动时也要顺应这种规律。

我们知道，线下促销活动不仅可以有效地减少库存、拉动业绩，还能够帮助企业不断增强产品和品牌的号召力，既能够维护老用户的关系，又能够获取新用户。但很多用户都是以一种“局外人”的态度，到你这里只是想看看热闹。慢慢升温的最好办法就是“预热”。就线下活动而言，一般活动的预热天数以一周左右为宜。因为用户的精力是有限的，超过一周的时间，用户的热情就会快速减弱，所以我们一定要把握这个时间的度。

我们也可以利用多媒体和实体店铺相互配合和互动，传统促销活动花费时间久、精力多、周期长的缺陷在一定程度上得以弥补，利用几乎免费的网络资源也大幅提升了促销效率，扩大了促销影响。

例如，常规促销活动（如有奖购买、街头推荐、文娱活动）已经无法引起用户浓厚的兴趣，而采取添加微信号这种由对方主动选择的方式，反而容易使用户感到自己握有主动权并产生动力。

再如，在传统促销活动中，时间限制、场地限制、人员成本、布置准备都是营销人员不得不考虑的问题，但通过微信营销，整个推广过程几乎都基于网络实现，并不需要更多的资源投入。

当然，目前许多商家结合互联网思维的促销活动也存在某些问题，比如，有人做了这样的实验：首先用自己的微信关注了企业的微信号，然后用 1 元的价格购买了一件产品，接着用户取消了对这个微信号的关注，又重新加为好友，重复咨询和购买，多次反复，结果是成功购买了一箱。如果出现大量类似用户，线下促销活动的意义和影响力将大打折扣。

为此，我们应该怎样应对呢？

1. 配合持续互动

线下促销活动最容易出现的问题是“短期性”，例如，不少线下促销活动结束后，虽然用户带着好奇心关注了企业微信号，却发现除了系统自动发来的那条问候信息，再无其他互动。

试问，这样的促销活动同街头普通的一次性促销有什么区别？

线下促销活动结束后恰恰是企业和用户之间微信沟通的开始，利用微信进行用户满意度调查、用户意见搜集等互动联系，可以充分保持整个促销活动的影响力，并为日后定期向用户发送宣传资料奠定坚实的基础。

这样，线下促销活动的影响将被不断持续地放大，提高用户依赖度，符合促销的根本目的和商家的长远利益。

线下促销活动的难点在于如何利用微信促销展开企业同用户之间的长期互动和沟通，将线下促销活动变成微信功能支持的长期活动，这样，用户将认为自己在崭新的促销中获得了更多收益。

2. 利用插件技术

目前，很多利用微信进行的线下促销活动都会产生如前文所述的那种遗憾——用户可以通过反复关注满足其个人利益。虽然我们没有必要因噎废食，因为少数人的此类行为而远离线下促销活动，但这种技术缺陷造成的风险确实存在。

因此，企业可以升级后台用户管理系统，丰富技术手段，对同一个微信号是否反复操作进行有效甄别，防止出现利用促销活动获利并影响促销效果的举动。另外，提升促销活动的技术含量也有助于体现促销公平性，有助于提升企业的公众形象，同时降低促销活动中付出的产品成本，使得整个促销活动健康、安全且效果明显。

3. 进行促销配合

微信的特点在于点到点的精确沟通，相对于一对多传播的微博或网站，微信促销比较容易出现受众面窄的问题。如果不能在促销活动前提出必要的方案解决受众面窄的问题，就无法增强企业品牌的号召力，也难以增加产品的销量，甚至连推广企业微信公众号的目的都无法达成。

例如，在学校张贴海报的方式的确能够在小范围内引起一部分潜在用户的关注，但并不利于大范围促销。因此，企业还应该将自身定位得更高，将促销活动定位得更长远，利用其他媒体为微信促销活动造势。例如，可以在店铺内发放写明微信订阅办法的宣传单，在平面媒体上登载广告时也印上微信账号，在所有参加促销活动的产品上印上微信号和二维码等。

总之，利用好其他媒体同微信传播的共同协调作用，企业的线下促销活动才能做得更好、更持久。

竞赛活动：加强用户互动

利用竞赛活动提升用户对企业关注的积极性，就是利用用户好胜和竞争的心态，激发他们展示自身的聪明才智以赢取相应的奖励，从而达到加强用户之间互动的目的。

为了让竞赛真正激发用户的兴趣，企业一般通过设置价值较高的奖品或者依靠现场互动的精彩热烈营造气氛，从而直接激发用户的购买欲。

当然，如果竞赛活动并不以购物作为参赛的必要条件，则可以用参赛人数营造热烈的气氛，并通过竞赛内容的设定、奖品的展示或竞赛名称的宣传等，使用户更加熟悉企业的品牌，甚至吸引更大众的传播媒介对竞赛本身进行推广和报道，从而提高企业和产品的知名度，产生广告宣传的效果。

艺龙旅行网曾开发了一款自定义回复插件，将用户答题赢取奖品的模式引入微信平台，这种模式采取了用户答题闯关后获得奖品的方法，向每天答题正确的微信好友发放积分，并根据最终积分从高到低排序，送出丰厚大礼，如图 6-1 所示。

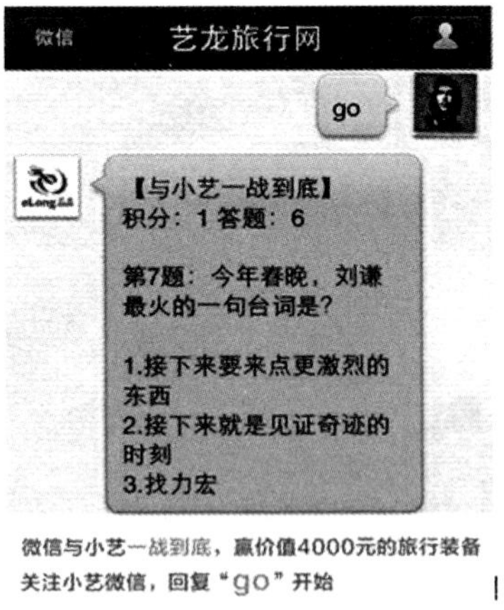

图 6-1　艺龙旅行网推出的竞赛活动官方截图

> 该竞赛活动在微信平台推出后，每天参与互动答题的微信好友数量多达五六十万，艺龙旅行网的微信订阅用户也随之同步增加了数万人。

基于微信平台进行这样的竞赛活动，其资金投入显然比传统竞赛活动或微博竞赛活动少得多。可以说，艺龙旅行网的这次活动是相当成功的。尽管艺龙旅行网是通过线上发布竞赛信息为线下导流，但不难发现，打造一个富有吸引力的竞赛活动，能有效加强用户的互动，从而吸引更多用户关注。

竞赛活动为何如此吸引人呢？

首先，竞赛的商业目的没有各类广告那样明显，更没有一般广告那样泛滥，因而能够激发用户的兴趣。

其次，竞赛活动更容易形成规模效应，企业营销团队需要做的只是准备好奖品，设定好竞赛规则，进行充分的宣传，并在竞赛活动之后按照规则宣布获奖者并发放奖品。另外，这种竞赛活动的成本是固定的，其预先开支都能够计算且很少中途改变。

当然，竞赛活动也需要在某些意外方面做充足的准备，例如，防止作弊的方法应该全面准确且万无一失，企业团队、营销团队应该绝对不参与竞赛，防止损害公平性。发放给获胜者的奖品质量应该得到足够的保证，而按照目前国内法律规定竞赛奖品价值最高不超过 5 000 元。

除此以外，还应该注意以下三个问题。

1. 提升知名度

竞赛活动渐渐为更多企业所熟悉和使用，为更多商家创造了不俗的业绩。认识和了解到这一点，将可以为你的竞赛活动方案增添更多色彩和选择。

竞赛活动为企业表现、传播、加深其产品和品牌知识在用户群体中的印象提供了充足的空间。企业应该抓住竞赛活动直观、迅速、便捷、可重复性强、可持续性强等特点，将竞赛题目及答案的内容同产品本身更好地结合，从而保证一举两得：既完成了竞赛活动提高知名度，又加深了潜在用户对企业产品的认识。

2. 控制获奖人数

传统竞赛活动的经验表明，类似竞赛活动的获奖者过多，即使不出现用户投诉问题，也会导致用户体验大打折扣，甚至认为比赛公平性差。为此，组织者应该控制获奖者数量、拉开奖品之间的层次，保证竞赛的吸引力。

3. 及时公布答案

竞赛活动结束后，企业应该第一时间将竞猜的答案和结果告知用户，并在更多的平台上传播。此举实际上是对竞赛活动的持续发掘，能够起到有效的广告宣传作用。

社交活动：扩大自身影响

社交活动也应该被看作一种商业活动，通过突出活动中的社交属性，满足潜在用户的社交需求，从而充分扩大商家在社交圈的影响力。

在传统的商业模式里，不同行业的潜在用户可能因彼此之间有共同语言或者相同的生活经历走进共同的社交圈，但商家却不容易因为产品而被拉进社交圈。

今天基于互联网平台的线下社交活动往往能够让企业同用户成为真正意义上的朋友，并以这种社交力对用户产生消费方向上的影响。

举办商业社交活动也是扩大企业自身影响力的重要因素。在打造社交活动过程中，需要注意以下两点。

1. 增加“互动感”

既然是以社交为特征的商业推广活动，就一定要跳出传统商业推广活动只能听到营销方声音、无视用户意见的怪圈，同时避开那种提供不出太多个性化选择的单方传播形式。加强用户和企业之间的互动，这一点显得非常重要。

例如，在商业社交活动中，企业以推荐的口吻有方向、有目的地将同类产品中的不同型号、不同款式推荐给不同的潜在用户，比起统一发放单一的产品图案或介绍给所有用户，更有社交活动的感觉。

将商业活动融入社交互动，隐藏商业目的，制造良好的社交气氛，产品和品牌才容易赢得用户的好感。

2. 维护社交圈

如果企业自身能够开展社交圈营销就更简单了。因为在企业日常对社交圈的维护过程中，已经注意到将潜在用户发展成具备相当信任度、好感和关注度的社交圈好友。在这种关系下，原本属于企业和潜在用户的关系升华为基于社交圈的朋友关系。而这样的朋友关系明显可以促进和提升企业在商业活动中的影响力。

领跑 O2O：
开启线上线下结合的全渠道互动模式

渠道 1：通过线上推广引导用户走向线下

如果说微博和微信之间存在相通之处，那么草根大号扮演着媒体发布者和社交中心的角色，显然这一点可以称为两者最大的共同点。草根大号作为一种必然现象，既出现在微博中，也将在微信的发展中起重要的作用。

利用这一特点，我们可以通过一些有影响力的大号引导用户走到线下。值得注意的是，草根大号微信很多来自草根大号微博，因此这些微信几乎都有天然进行网络社交活动的空间。营销人员甚至可以看到，微博本身应该发挥却又被媒体功能掩盖的社交功能正在被微信瓜分和转移，这种瓜分和转移体现在草根大号微信的活动上，即少数的微信能轻易吸引大量的普通微信用户。

例如，在体育相关的大号微信社交圈中，每个大号可能有几万甚至十几万个好友，如此多的好友数量是一般微信达不到的，更值得注意的是，这些好友里不可能像微博那样存在单纯刷数量的“僵尸粉”（即只注册从不登录的用户）。可想而知，企业在组织营销活动中利用好相关的草根大号微信，能够起到画龙点睛地提升社交影响和效果的作用。

用户在引导下走到线下之后，企业也应该确保线下活动足够精彩，这样才不至于把从线上吸引来的用户吓跑。

1．活动本身就很吸引人

对企业来说，组织线下活动的能力应该是其业务“基本功”，经历了微博营销时代，走进微信营销时代后，对此也应该有更清醒的认识。尤其对那些提供具体产品或服务的企业来说，更应该通过有趣且吸引人的线下活动，让你的微信营销有声有色、更容易推行。

2. 推广线下活动时的注意事项

在线下推广时，企业可以参考以下几点，见表 6-2。

表 6–2　推广线下活动的注意事项

注意事项	描　　述
二维码宣传	将二维码印在公司的宣传册及名片上
	将二维码印在产品的包装上
	将二维码印在户外广告和宣传海报上，并与线下促销活动相结合，吸引用户扫码
语音提醒	例如，电视节目结束前，主持人会提醒观众关注节目微信号和微博号
发送短信	定时向用户发送短信，提醒用户关注微信号和微博号

企业所处的行业不同，因此在具体的推广过程中要结合实际，充分利用各种资源，提高微信号的曝光率，吸引潜在用户关注，增加粉丝量。此外，企业要保证线下活动的内容和服务的价值，例如可以举办一些有奖活动，如“一战到底”“疯狂猜图”，降低粉丝流失率。

渠道2：打通本地社区O2O闭环

O2O模式呈现在人们面前之后，中国互联网上的O2O网站如雨后春笋般出现。

大众点评网的估值已经突破40亿美元，用户在线上支付到线下消费。当微信带着移动互联网的新鲜空气进入互联网产业链后，很快也有企业将技术革新和商业营销的目标放在微信创建的O2O平台上。

在属于微信的O2O营销模式中，无论经营理念、经营构建还是提供产品和服务的方式，都与传统的O2O有着明显的区别。很多营销从业者认为，O2O的确是移动互联网帮助企业实现盈利的大方向，但O2O在某种程度上又相当“玄妙”，没有具体的例子可以追寻，也看不到多少实际的操作程序。人尽皆知的模式能创造的利润空间相当有限，如何另辟蹊径，做到利用微信将移动互联网和线下的商务机会有机结合，从而让线下布局拥有更多的商机？

微信为企业营销团队提供了利用O2O展开商业活动的无限可能，把握机会，意味着营销者的思路、理念和方法都应有切实的转变与革新。

1. 模式必须简单

大道至简。

移动互联网本身就代表着相当程度的极简主义，如果追求过多的渲染、过多的喧嚣，期待用“人海战术”和“信息轰炸”的传统方式促进O2O商业模式的成功，企业可能走上缘木求鱼的错误道路。

事实上，即使“印美图”这样已经被证明成功的O2O项目，在整个运营过程中也并没有投入过多的资本和精力于线下和线上的推广营销，O2O项目的特点决定，产品或服务本身只要具备吸引用户消费的特色，就会成为自己的营销亮点。

另外，在打造O2O模式相关的产品或服务时，企业也要注意将其设计得更加简单明了、易于学习和掌握，必须简化和更改过于复杂的操作或者较为烦琐的流程，从而减少用户在参与操作时的陌生感。

2. 理念必须务实

O2O其实并不遥远。以曾经爆发式发展但现在在走下坡路的团购网站为例，最初，团购模式是利用营销创意将一些线下的小店放在互联网平台上集中推广，利用潜在用户对互联网的依赖，每天触发其新鲜感，从而激发购买欲。但这种理念特点很快变成形成了“低价促销、企业和网站分成”的特色，事实上，“触手可及”的营销才是O2O真正的核心价值。

利用好O2O，就要学会将线上技术带到每一位线下用户的身边，而不是盲目等待他们主动寻求销售信息。因此，使用O2O能否成功，要看商业团队开发的营销模式能否真正基于潜在用户的实际考虑，并得到他们相应的认可。

3. 资源必须整合

有效的营销模式都应该能够充分调动资源。例如，一家基于微信平台进行O2O营销的公司已经掌握大量国有企业资源，一些O2O营销团队也把重要的媒体拉进了自己的合作伙伴队列。拥有更多的资源和伙伴，就意味着营销团队能够得到更多建设和支撑整个O2O体系的基础。

因此，微信平台上的企业应该利用O2O整合更多的线下、线上资源。

渠道3：开启线上线下的双频互动模式

微信平台即使功能再丰富、能力再强大，毕竟属于线上的产品，而线下活动不可能仅限于线下进行，线上线下结合才能创造更多利润。

企业必须充分意识到，线上开展营销活动的同时还应该结合线下的实体活动共同推进，从而让线上线下的营销活动联手为企业的潜在用户提供更多的引导，创造更多的实际利益，也为企业创造更多的业绩和利润。

某地区一个高效的第三方创业投资平台“创业影院”以每周举办线下的创业投资和融资需要对接会而闻名。每周的活动都邀请相关行业（如TMT、移动互联网、IT、银行、风投基金、投资界）高管等圈内人士和创业团队进行面对面的交流。显然，这类活动的参与者绝大多数都是智能手机的使用者，他们对微信的使用也相当频繁和熟悉，因此，“创业影院”在每周的线下活动中都使用微信签到，凡是签到者都能获得一份精美的小礼品。

微信签到的同时，所有与会者也就成为这家企业微信的好友。无疑，这样的线下活动形式不仅通过发放小礼品增强了与会者参与的积极性，而且通过微信签到让与会者和企业产生了未来更多的接触和互动的可能。对企业来说，微信即使没有起到主要的推广平台的作用，也扮演了一个联络用户关系、加深用户之间感情进而构建良好人脉的重要角色。

企业应该学会拓宽视角，而不是仅仅局限于线上的功能，如前文案例中利用微信为串联工具发挥线下功能的例子，实际上在目前已有的微信营销中已屡见不鲜。

此外，我们还需注意以下两点。

1. 重视线下人际关系

由于借助了微信平台，企业必然更多地关注线上的互动和关系。例如，利用微信向对方推荐产品、进行用户调查、收集反馈，但这样的倾向也引发了另一个问题，即线下活动完全变成微信活动的“仿制品”。

从一些微信平台的线下活动中可以发现，那些利用微信同企业频繁联络、激发消费的用户得到企业营销人员更多的青睐，而在微信平台上并不活跃甚至完全是新人的潜在用户则无法在这样的活动中获取更多的信息。

实际上，出现这样的问题在于企业将微信和线下两者结合过多，没有关注线下活动可以推进真实的人际关系，并利用这样的人际关系反哺在微信平台上和用户的互动。如果能够通过活动有效地分组，或者举行专门面对新微信好友的线下活动，往往可以解决此类问题，让线下形成的用户关系反过来推动微信上的用户关系。

2. 将线上线下紧密结合

线上的微信活动和线下的实体活动，两者原本并没有直接的联系，想要对其进行必要而充分的联结，可以通过微信营销团队对渠道的建设和维护来实现。例如，前文案例中采取微信签到的方式，可以让每次线下活动演变和转化为微信平台上的聚会，甚至可以想象，在线下实体活动开始之前及现场聚会的间隙，同时进行用户之间的微信互动，使线下和线上的活动边界模糊化。

另外，企业还能采用在具体的活动中设置一些需在微信平台上作答的问题、参与的游戏、给出“通关密语”等手段，引导参与者在活动结束后依然经常关注企业的微信，并通过微信对这样的活动产生更好的回忆和感受，最终将线上活动和线下活动有机地结合在一起，为企业创造更多的利润。

第七章

在诸侯争霸的时代，本地自媒体电商是时候爆发了

——“3+2”矩阵策略之建立本地电商新世界

在移动互联网时代，企业不仅要开放数据平台，还要尝试与电商接轨。尤其在竞争愈演愈烈的形势下，企业要么加入电商，要么就无商可务。

这已经是不争的事实。

随着互联网的普及与微信平台的日渐成熟，近几年最流行的电商模式当属移动电商。

在这个多屏时代，用户对移动端的使用频率之高自不必说。

这样一来，本地自媒体人就必须跟随时代的脚步，实现从传统电商到移动电商的转型与升级！

本地电商：颠覆本地自媒体的商务模式

要么电子商务，要么无商可务

近年来，我国网民数量的迅速增长催生了巨大的网络消费市场。互联网不仅是信息传播的平台，也为商品交易提供了很好的途径，除了一些专门的网站在做电子商务外，许多本地自媒体也将精力放在开发自己的电子商务功能上。

电子商务的优势显而易见：

- 大量图文并茂的商品介绍；
- 方便快捷的商品检索；
- 互动式的销售形式。

这些特点都可以吸引用户，还可利用背靠的网络媒体推广自己的平台，这样不仅实现了“以消费带动广告”，还通过广告吸引了更多用户的注意，最终形成企业与用户之间良好的互动。

随着实体店的运营成本不断上涨，加之受到电商的冲击，传统商家开始谋求出路，尝试与电商接轨。但是，阿里巴巴的门槛越来越高，现在进入突围的可能性很小，或者说成功率不高。

移动互联网和微信的出现无疑让实体商家再一次燃起了希望。“移动电商”时代已经被企业喊了好多年，直到前两年才算真正到来。

有了微信支付和支付宝等电子支付手段，移动电商才真正实现了电子化，人们逛街购物只要带一部手机，结账时扫扫二维码就能完成支付，等着人送货上门了。如果在外面买完东西，你还在商场里闲逛，可能你人还没到家，送货员已经把你买的商品送到了你家楼下。这就是移动电商，进入 2016 年，这已经不只是说说而已了。

移动电商有很多种，比较常见的是垂直电商和品牌电商。

1. 垂直电商

什么是垂直电商？举个简单的例子，如化妆品电商、茶叶电商，即一个品类的电商。

做这类电商的人不外乎以下几种：

- 自有某品类品牌的个人或机构；
- 朋友或熟人那里有货源的人；
- 看好这类电商代理或贴牌生产的创业者。

只销售一两种品牌商品就不是严格意义上的垂直电商，当然，某些品类中品牌已被弱化的除外。从这个角度来看，商品越简单越好。

微信电商最适合采用垂直电商模式（这一点我将在下文详细讲述），因为垂直电商能对市场迅速做出有效的反应，他可以通过微信公众平台准确掌握买家的喜好，然后做出更精准的商业决策，提高收益，降低风险。

如果能适时调换商品，便能在更快地占领市场的同时实现更高的利润。另外，垂直电商可以利用微信在原有品牌的基础上加入多品牌运营，既可以提高自有品牌的销量，也可以增强与其他品牌的联动效应，在品牌高低搭配的情况下，能快速占领某一品类的市场，打造自身的品牌。

2. 品牌电商

品牌电商是微信电商的主流，即在微信电商平台上出售自家品牌的商品，类似于天猫商城。但是，这只是针对企业把电商的战场搬到微信公众号上而言的。对大多数正寻求移动电商创业的草根来说，更可行的途径是注册一家公司，在微信公众号上认证，争取一个在微信上买东西的资格，然后出售代理的产品。

还有一种电商卖的东西不一定是品牌商品，这在微信电商的运营前期也是可行的，不过没有品牌或商标的商品势必难以维持下去。当然，在渠道为王的当下，不怕没有产品，也不怕没有品牌产品，就怕卖不出去产品。只要你有强大的微信销售平台，你想卖什么产品，需要什么品牌的产品，几乎都是可以实现的。

从这个角度讲，我们只要把自己的微信购物平台做大做强，尽管起初你可能只有一个人，或者只有一家专为拥有微信电商平台而注册的公司，但你的移动电商创业的“钱途”照样是一片坦途。

本地自媒体时代如何玩转电商

微信是银行卡，我们走到哪里都可以随时支付。

微信是通信工具，我们可以随时随地跟远方的朋友聊天。

微信也是媒体，我们每个人都生活在其中，每天都可以在微信平台阅读自己喜欢的文章。

这印证了那句话：微信不只是简单的沟通工具，更是一种生活方式。

微信 + 电商的出现，对线下的实体店来说是致命的打击。线下店面要想生存，只有做本地 O2O 微信电商这条路可行，那么怎样才能走好这条路？

1. 以消费者为中心

不管什么事，只要拿到互联网上来讨论，都会有人赞成、有人反对。例如，你穿了一件新衣服，到公司，同事都说很好看，回到家里，妈妈却说太难看了。这是因为在挑选衣服方面你跟父母不是一个群体，对事物的看法和价值观念完全不同。这就自然而然地形成了一种现象——对某件事有相同看法的人会聚到一起。同理，在消费平台上，有相同需求的人也会聚到一起。

这也从一个侧面说明工业化已经不适合这个时代。工业社会的产品都是标准化生产的产品，只能满足人们对产品功能方面的需求。随着物质生活水平的提高，消费者越来越注重更深层次的人性需求。

传统意义上一切遵照标准的生产方式是一种完全忽略个性的生产方式。在这个以互联网为核心的时代，一切都以消费者为中心，充分考虑他们的个性化需求。

2. 电商社区，让用户为你“发烧”

“小米”的定位是“为发烧而生”。你的产品是为哪类人制造的？

社区其实就是前文中提到的圈子、社群，玩微信其实就是在玩圈子。圈子把那些具有相同爱好或特征的人聚在一起，是一种小众化的体现。

是圈子就要贴上一种标签，这个圈子是为创业者建立的，是为美食爱好者建立的，还是为阅读爱好者建立的，等等。所以产品也要走向小众化，只为一个群体设计产品，而不是兼顾所有人。

若用户已经认可企业之前的产品并被产品特色吸引，那么企业推出新产品时，他就会第一时间购买。所以企业要做社区化电商，一定要注意，不是用户越多越好，而是要看清楚谁真正需要自己的产品。

2014 年 5 月，腾讯调整了组织架构，成立了微信事业群，专门负责微信基础平台、微信开放平台、微信支付平台及 O2O 等微信延伸业务的发展。由张小龙担任微信事业群总裁。

此外，腾讯还撤销了腾讯电商控股公司，其中实物电商业务并入京东，O2O 业务并入微信事业群。可见，微信还将加快试水电商平台的步伐。

可以想象，当有一天所有生活消费几乎都可以通过微信完成时，生活会更加便利。

那么在本地自媒体时代，我们该如何把握机遇玩转电商呢？我总结了几个关键点，见表 7-1。

表 7-1　本地自媒体时代玩转电商的关键点

加入一个群体	加入一个群体是人类的集体无意识行为。在石器时代恶劣的环境中，人类进化最大的动力就是安全、食物、性，而这些只有结成群体才能实现。今天科技虽然发达了，但几千年形成的思维模式一直左右着我们的行为。互联网恰恰创造了融入群体的条件。线上认识的朋友，线下自然想交流聚会；线下认识的人，线上自然想多交流感情。人们因兴趣、情感和价值聚在一起。我们自然要善加利用微信把好友聚在一起
锁定用户	用微信锁定用户的最佳方法就是使用二维码。二维码最好能放到人流量大的地方。比如当地的会展中心以及大型商场和超市，会展中心经常举办活动，可以做一个展架，上面印一个大的二维码，摆放在人流量大的地方，有条件的话可以配上一些小礼品，效果更好；商场和超市的人流量每天都很大，特别是周末。二维码展架最好放置在休息区，很多人在休息的时候会玩手机，也肯定有一部分人因为好奇来扫二维码，关注公众号

（续表）

锁定用户	二维码锁定用户的具体方案： • 在产品外包装上印上二维码，告诉顾客扫二维码关注自己的微信，下一次购买产品就可以通过微信下单，提供送货上门服务； • 主动出击，到顾客经常出现的小区，吸引他们扫二维码获得关注； • 加入本地圈子，整合圈子； • 制作二维码宣传展架，告诉顾客扫二维码可以享受优惠
迈向“行商”	传统商家往往习惯于坐在那里等顾客主动上门，只有顾客主动上门才有生意。现在要转变这种观念，从“坐商”变成“行商”，主动跟顾客建立关系、主动送货上门。原来是物不动、人动，现在却是人不动、物动，“Store”（商店）变成了“Station”（站点）。人们对店面的依赖慢慢减少，店面自然就失去了它存在的价值。同时，这也意味着单店面积在缩小。在电子商务尤其是移动互联网和4G技术背景下，线下商店没有必要那么大，但分布必须广，以便利为原则。让小铺面与大数据结合，助推零售业进入微站时代。商店转变为服务点或者体验店的形式，线上订购产品，线下建立体验；线上集客、线下消费，最终实现线上线下的闭合

微店：移动互联网时代的轻电商模式

2014年5月29日，微信官方正式宣布推出“微店”。这让期待已久、跃跃欲试的商家们眼前一亮。微店是一种主动式营销模式，这种模式有利于企业积累粉丝，产生品牌效应。

在微信官方介绍中，对“微店”的定义是：基于微信公众平台打造的原生电商模式。这预示着基于微信公众平台的轻电商时代已经来临。

在“朋友圈”做微店主要有五大优势。

1. 流量相对均衡

每逢“双十一”，淘宝、天猫成交量就会暴增。而在“双十一”前后一个月则会进入沉默期。节日忙不过来，平时过于轻松，这对发展中的商家来说真的是最好的状态吗？

其实，“双十一”的成交额看似诱人，但在成交额翻番的同时，商家的利润未必能成倍增长。大多数“无名小卒”更只“赚个吆喝”，连平时的业绩都比不上。

在微商平台上就不会出现这种情况。原因是：

- 微商的主动性强，推广、促销活动都在自己的计划掌控中；
- 公众号（如订阅号）引流是平缓而持续的，一般不存在暴涨暴跌的失衡状态。

这样，商家就可以更科学地布局，不会出现失衡现象。

2. 用户活跃度高

现在，许多用户只有在想买东西时才上淘宝、京东等网络商城，平时生活中的碎片化时间几乎都被各种 App 霸占。这样一来，传统电商平台的人气就减弱了。而微信不仅是电商平台，更是社交平台，用户闲来无事都会关注一下自己的微信、刷朋友圈。

如果你无意中在朋友圈发现了一个你本来就喜欢并近期想购买的产品，你肯定会点开看看。从消费心理学角度讲，人在消费时都是非理性的，你一旦对某件产品有了解的愿望，你最终就有可能购买它。

在微商平台，用户的活跃度比传统电商平台高，成交率自然不容小觑。

3. 粉丝是购买力

微信公众号的神奇之处在于，它能让弱小的个体拥有自己的自媒体平台，而且这种自媒体还受到合法的隐私保护。例如，除了你自己，没人能发现你这个账号有多少“料”，外人没有权限知道你的粉丝数量。而微博的粉丝数量是透明的，隐私性较差。

有了粉丝，就可以将其转化成购买力。只不过，定位粗放的公众号粉丝转化成顾客的能力相对差一些，定位精准的公众号粉丝转化成用户的概率则相对较大。这在传统电商平台很难实现。例如，在淘宝平台，商家既要有成交量，又要靠老顾客沉淀；既要靠散客为你积累信誉，又要靠购买流量出头。而在微信上，商家本来就有自己的目标用户作为粉丝基础，在微店尚未开张前就占有先机。

4. 在线时间较长

在传统电商平台上，再努力的“小二”都要吃饭、上厕所。看店时间很不人性，这也难怪时不时就会爆出某淘宝店主因工作时间长而猝死的新闻了。

相比之下，微商就比较人性化、自由化。你在公交上、上班路上都可以看店，甚至出差途中也可以看店，在与亲朋好友唱歌的包厢里也不耽误做生意。所以，微商的生活不会让人那么累，你 24 小时为用户服务的同时，也可自由外出，不受拘束。

5. 沉淀忠实用户

淘宝、天猫等电商都是传统互联网时代的电商，这些平台上的每个商家都想成为“明星”，他们挤得头破血流，只为在这个舞台靓丽出镜，增加曝光率。这让后来者很难超越前辈，迎来自己的“出头之日”。因为你能在舞台上获得什么位置，取决于你能支付多少出场费。对于囊中羞涩的后来者，也只能默默观望了。

微商平台却不同，一旦成交，用户就会沉淀为你的公众号粉丝，你可以在交易之外向他们提供更有价值的内容。粉丝就是在这样的沉淀、积累过程中达到一定的数量。

轻电商模式的新思维见表 7-2。

表 7-2 玩转微店轻电商模式的新思维

关联思维	微信目前是个封闭的系统，要是没有用户流量，微商很难立足。有微信服务号并取得认证后，才能开微店。现在每个人的好友人数都有上限，就算你有吸引粉丝的能力，微信也给你封了顶。因此，公众号的粉丝对微店就显得十分重要。当有认识你订阅号的粉丝进入你的服务号时，你的服务号名字不能与订阅号名字毫无关联，否则恐怕记忆力再好的粉丝也很难记住你
简单思维	微店，尤其是第三方开发的微店，在店面的装饰上永远要遵循“简洁”二字。过于复杂的页面和载体反而是画蛇添足：花了大力气与大价钱，却没有为营销加分。这样的做法实在得不偿失
借力思维	看看身边有哪些资源可以利用，比如有没有住在农村的朋友，如果有，他的家乡有什么土特产，或者你的家乡有什么特产，或者你所在的城市有没有好的货源。如果产品进货渠道不畅，要做大是一件很困难的事。如果有媒体资源，很容易获得大量的目标用户。不要小看资源，有时候你花几个月都很难做到的事情，靠你的资源几个小时可能就搞定了
互联网思维	如今“互联网 +”屡屡被提及，开微店也一样，如果不具备“互联网 +”思维，那么就与时代脱节了
痛点思维	利用微信成功创业的最大秘诀就是销售解决方案，因为人们愿意投入更多解决他遇到的问题。例如被告人知道如果罪名成立，他将被判处死刑，此时突然有人告诉他，有一份材料可以证明他是被诬告的，但是他要付出一定的报酬换取材料，那么你认为他甘心为这份材料拿出多少钱？估计他付出再多也不会犹豫。这个例子可能并不恰当，但我们必须明白，不是用户不愿意拿出钱来，而是你的产品不能解决他的“痛点”

创新思维：本地自媒体 + 电商的三大思维

思维 1：理念

把梳子卖给光头就像把羊毛卖给牧羊人一样，看似都是向用户推销他们并不需要的产品，并且看上去都是不可能完成的任务，但实际上并非如此。

做电商的最高境界并非销售产品，而是赋予产品独特的精神价值以及品牌观念，也就是所谓的“理念”。理念在“互联网 +”时代显得尤为重要，随着互联网信息流通速度的加快，人们获取信息的渠道更加便捷，可选择的信息也更加多样，企业如果还紧握着毫无特色的产品不放，倚重日益疲软的价格战，不可能再获得用户的倾心。

在这个商品过剩、同质化严重的时代，企业如果仅立足于产品的基本功能，忽视对情感和精神层面的寻找和诉求，拒绝及时调整品牌战略，创造新的消费诱因，提升产品附加值，很快就会被用户遗忘。

那么如何提升产品附加值，达成卖理念的目的呢？

1. 卖梦想

很多人嘴上说着“理想不能当饭吃”，其实心里都有一份渴望，或许是一篇为梦想而奋斗的文章，或许是一首让人重燃希望的歌曲，都能够在他们原本平静的内心激起波澜。

贩卖梦想其实并不鲜见，当下火热的商业模式——众筹就属于这一类型。提案者可以在众筹网站上阐述自己的梦想和创意，展示需要融资的项目，吸引感兴趣的投资者，并获得投资。这种模式新颖有趣，但也存在诸多潜在问题，创业者和投资者大多相对保守，对这种模式持观望态度。这也说明梦想可能很值钱，却未必是一门轻松的好生意。

2. 卖情怀

说到“情怀”，有些人可能觉得它是个虚无缥缈的东西。事实上，在营销中“情怀”绝不是一种虚的东西，它是能刺激目标用户购买、使用产品或服务，帮助企业实现盈利的概念性、理念性和精神性的元素。具体来讲，领导者的人格魅力、目标用户的共鸣、企业文化的吸引力等都是这类元素。

“情怀”的威力在于，在产品未到达目标用户前，就能先吸引住用户，甚至使用户产生一种期待，从而最大限度地降低产品发布后的营销推广成本，例如锤子手机。但企业在进行前期的情怀营销时，对用户的期待要掌握好一个度，并且必须精准有力地完成后续产品的兑现，否则容易搬起石头砸自己的脚。

3. 卖思维

“互联网思维”这个概念一度红得发紫，无论任何行业、什么事情，似乎和它沾上边儿，都能焕发光彩。离不开线下的餐饮行业甚至也热衷于给自己贴上“互联网思维”的标签。

不得不说，兜售“互联网思维”确实是一种很好的营销方式。但我们也要知道“互联网思维”并不是包治百病、百试百灵的方式，互联网时代信息极其透明，任何营销模式都能被迅速复制，企业只有真正具备有竞争力的商业模式和产品，才能实现良性发展。

思维 2：态度

在电商时代，有些企业不重视互联网化就注定难以立足。但是，有些企业轻视互联网化，也伤及不到根本。拿简单的例子来讲，大多数用户最在乎的还是餐厅的食物安全和口味，也有用户在乎餐厅的服务和环境，事实上，在菜品同质化的大环境中，服务和用餐环境的确非常重要。当然也存在例外情况，比如我们经常看到很多食客为了品尝味道独特的美食，头顶烈日排队。却鲜有食客只因一家餐厅的服务好、装修好而排队等待就餐。这就说明，就餐饮业而言，在安全的前提下，食物的味道才是立足的根本。

同理，身患重感冒的病人是会去买广告做得好的药品，还是更有疗效的药品呢？

广告做得好、销量又高的药品要满足一个前提条件，那就是市场上多数药品在疗效上相差无几或者用户无法轻易辨析。如果一种药品能够真正具备独特的疗效，针对性地治好某种疾病，即使没有广告，口口相传也一样能够击败同类药品。

所以，虽然大数据很重要，但在应用之前，要先定性一下自身的产品。

假如你的产品属于营销手段无法取代其核心价值的类型，那么请把大部分精力投入产品本身的性能上，千万不要重营销、轻产品。

1. 真正打动人心的是态度

网易 CEO 丁磊透露，在网易云音乐上花了很多心思，让用户在欣赏音乐的过程中还能与他人互动。他说：“我们要把音乐的 App 做到极致，做到人性化，让它成为有灵魂的产品，是可以和你对话的产品。这是网易和其他互联网公司不一样的地方。”

丁磊在一次演讲中说："我觉得'态度'这个词用得高端大气，还是用一个接地气的话来说，我们在互联网是做产品，通过产品和用户交互，通过产品把我们的理念告诉用户。我们希望我们的产品带来一些灵魂，能有很多的创新，能够与众不同，能够真正打动用户的心。"

2. 做电商的重心：精益求精

做电商必须因地制宜。比如，麦当劳、肯德基在全国各地的味道没有区别，所以很难有产品性能上的质变突破，营销必然会成为其竞争价值的一部分。再如，可口可乐，如果失去广告，其很有可能沦为一杯廉价的糖水。营销在某些特殊情况下已经足已取代产品本身的价值，产品可能仅仅是其营销灵魂的一个载体。

但对于大多数产品，特别是对一些对功能性要求极高的产品而言。做电商的重心一定要落在产品的精益求精上，而不是过度地将重心转移在营销手段上。否则，无论是互联网思维、O2O还是大数据，过度发力都将导致忽视产品本身的延展特性。

思维3：跨界

在如今的电商领域，另类的跨界合作越来越频繁。例如，康师傅和爱奇艺、远洋地产和京东都搞起了跨界合作。可以预测，在企业意识到以往一些被忽略的资源可以被很好地利用时，跨界合作将越来越普遍。跨界在本质上是一种资源互换，而互换的资源就是基于电商平台的用户。跨界合作的双方可以不涉及或者较少涉及资金方面的付出，这种在用户资源方面"礼尚往来"的方式可以使合作双方通过较小的投入获得大量的用户，形成双赢的局面。

但是，跨界合作需要寻找匹配的对象。那么什么样的对象才是能够匹配的合作选择呢？

1. 差异化

合作双方的用户要有差异，也就是合作双方的用户可以少量重合，但绝不能高度重合。开拓新用户才是营销活动的最终目的，如果合作双方的用户重合了，就无法交换，也就没有新用户。这个道理理解起来非常容易，但落实到操作上还是比较困难的，因为鉴别合作对象的用户群体是一件非常有难度、有科技含量的事，诸多大公司之间的跨界合作以失败告终就是忽略了这一步。仅仅从主观的判断上确定合作双方的用户是否具备差异化，极容易造成判断错误，导致合作失败。

2. 基数大

除特殊情况外，大多数企业要寻找的合作对象必须具备用户基数大这一条件，不能过于小众，这个条件也是合作的基础条件。至于要求用户基数多大，完全取决于自己预期的目标或自身产品的用户数量，一般情况下，以不低于自身产品的用户数量为准。

3. 契合度高

跨界合作双方的用户契合度一定要高，也就是合作双方的用户群要是彼此需要的用户或者潜在用户。例如，经常上网休闲的用户基本都会吃方便面，经常吃方便面的用户很有可能长期上网休闲，只有这样双方的合作才有价值。

4. 利益均等

既然是合作，共赢才是双方想看到的结果。双方想要完成跨界合作，前提是合作的利益必须满足各取所需、利益均等的条件。在确定合作之前，要先考虑合作能否给双方都带来足够大的利益，如果合作仅能给一方带来巨大的利益，而另一方的利益非常小，跨界合作就不可能进行下去。

5. 资源互换

跨界合作这种资源互换性质的营销方法，目的之一就是降低营销费用。如果合作双方采取跨界的方式还要投入巨额资金，就得不偿失了。双方合作的最佳模式是：用户换用户或产品换用户（用产品等形式引导对方的用户成为自己的用户，对方也可以用合作方的产品活跃自己的用户），合作期间尽量不要牵扯高额的费用问题。

符合上述五个条件的对象就是能够匹配的合作对象。

解决了跨界中最困难的问题之后，剩下的就是与合作对象洽谈具体合作方式了。基于电商平台的合作双方在追求共赢的利益驱动下，只要再深入了解对方的业务特点，找到恰当的合作方式，实现双赢并不难。

实战运营：精雕细琢电商，关键看气质

由眼入心：用户喜恶瞬间即定

随着时代的发展，电商平台和我们所使用的社交媒体一样，也在不断完善自身，如脸谱网、推特、YouTube 等社交平台增加了新功能，电商平台可以建立个性化的主页以吸引更多用户。对大多数企业来说，运营电商还是一个新的领域，因此不可避免地会出现各种差错，如流失用户。那么在运营时就应该充分考虑这些因素，增加图片、背景等新元素，同时企业在运营过程中也应注意以下五大问题。毕竟，用户打开页面的一瞬间就决定了他是否喜欢你的电商界面。

1. 图片展示尽量简单

在所有的广告中，最先吸引用户的就是广告里的图片。在电商平台上，最能代表一个品牌的也是它的图片，因此企业应投入充足的时间和精力设计图片。

在新媒体时代，所有公司的品牌图片都会出现在电商平台上，而企业需要做的就是在设计图片时融入新元素，使之最先吸引住用户。

那么企业如何衡量一张图片的制作是否成功呢？

首先，要看这张图片的设计是否简洁、有吸引力，能否在最短的时间内吸引用户；其次，这张图片中包含了多少企业信息，能使用户对企业有深入的了解；最后，这张图片总共为企业带来了多少销售量。

例如，Drilleys 公司的品牌图片十分简洁，色彩饱和度高，具有强烈的吸引力，并且 Drilleys 女鞋的图片辨识度高，这样就很容易被用户识别，见图 7-1。

图 7-1　值得借鉴的脸谱网页面设计

图片来源：腾讯网。

2. 确保品牌一致性

企业在运营电商平台时常会陷入一个误区：根据不同电商平台的特点发布不同的内容。企业需要明白的是，不是产品依附于电商平台，而是电商平台为销售产品服务。因此，为了保证更多的用户看到企业发布的内容，企业应保持发布内容的一致性。

这样，用户无论是在哪个界面上看到，他都会明白这是你的产品。

3. 品牌信息更新及时

企业为用户提供优质的服务后，用户会对其产生良好的印象，变成品牌的忠实用户，因而也会经常访问企业的官方网站，获取相关信息，如是否举行新产品发布会、是否为其他活动提供赞助。

4. 聚焦平台实际内容

目前，许多电商平台以其不同的特色吸引了不同的用户。虽然我们前面提到要保持跨平台品牌的一致性，但并不意味着所有内容都是一成不变的，要根据平台的特点，相应地做一些调整。例如：

- 企业上传的图片和视频要简洁、易懂。
- 企业发布的照片要具有吸引力，能激起用户的兴趣并广泛传播。
- 在企业主页上进行企业形象建设时，要上传能够突显形象的大图或者销售海报，以便用户发现。
- 要以文案为辅，图片为主，可以放置一些链接，方便感兴趣的用户阅读。

5. 合理利用有效空间

企业在做到上述四点之后，接下来要做的就是提高各个平台的空间利用率。

例如，德国公司Schimpfen&Fluchen的品牌图片以鲜艳的红色为主调，其红色的工具栏可以变成一个手臂形状。该公司营销人员会将一些活动预告放在这条“手臂”框中，以吸引用户的注意力。

总体而言，随着互联网的发展，电商平台正在企业运营中扮演越来越重要的角色。企业在社交平台上展示产品，也是在展示企业形象，同时在与用户的交流互动中将其变成企业产品的粉丝，从而以低成本实现高利润。

免费增值：让用户主动来找你

免费增值模式听起来很有诱惑力，实际上，在具体的实践中，这种模式很难驾驭，如果没有强大的实力，很可能使自己陷入困境。让我们分析一下这种模式在电商平台应用的优势。

毫无疑问，产品是做好电商的前提和基础，因为无论是免费用户还是付费用户,最终都是受产品品质的吸引而来的。若产品质量得不到保证，即使是免费用户，最终也会拂袖而去，这样就很难受到新用户的青睐，产品也就不可能从免费形式自然而然地过渡到付费形式。

如果某用户自己的专业素质较高，知道该如何进行产品的选择、营销和整体经营，这种状态非常理想。不过这其中最关键的是信息的具体内容，如果用户看过后认为该产品确实能够满足其需求，那么信息发布的目的就达到了。

想在电商运营中应用免费增值模式，其自媒体账号应该在以下两点上具备优势。

1. 控制好成本

在电商运营中，切忌在营销方面耗费过多的资金。正确的做法是充分发挥电商平台的影响力，提高知名度，并通过用户间的二次宣传壮大用户群。另外，电商运营的独特之处在于能够作为特定内容的第一发布者，这一点的竞争优势很明显。

2. 低廉的边际成本

网络条件在控制边际成本这方面为经营者提供了很大的便利，你无须自己开发平台，只要登录微信平台，发布自己编撰好的内容即可。事实上，这也为电商运营节省了时间和精力。

可能很多人对经营者的月收入感兴趣，下面是假设的一个本地自媒体平台的例子，了解一下他们的盈利情况。

在免费用户到付费用户的转化上，多数付费企业的比重1/100~1/10，在这里，按照平均水平（2% ~ 4%）的中间数取值，即 3%。

假设以下基本数据：

用户数量：5 万。

费用收取：每人每月 10 元。

每个月增加的新用户比重：1/10。

月收入计算公式：（每个月新增加的用户比重 +1）× 用户数量 × 付费转化比重 × 每月支付费用。

据此计算，该经营者的月收入为（1+1/10）×50 000 ×3%×10=16 500 元。

这还只是保守估计，而且 16 500 这个数额已经不算低了。若用户对信息内容很满意，新增用户比重可达 1/5，付费用户的比率可达 6%，费用收取达到每人每月 15 元，则其月收入为 54 000 元，而且，随着用户数量的增加，月收入也逐渐增加。依照上述计算公式，一年的收入水平为（1+1/5）×50 000×（1+1/5）× … ×(1+1/5)×(1+1/5)×6%×15=2 137 347.121 元。

无论是运营本地自媒体还是运营电商，若年收入能达到这个水平，是相当不错的，不过，这个结果是在排除其他因素变动的情况下计算出来的，现实生活中不会发展得这样平稳。

那么我们不妨折中一下，如果最后只收入了理想情况的50%，大约为106.87万元，即使是25%，年收入也超过53万元，假设其经营过程实在是不怎么顺利，按10%来计算，年收入是21万元，这个数额也并不低。

在现实运营中，我们往往会遇到三大阻力。

阻力一：规模化扩张

一旦运营者确定了电商平台的费用收取水平，想要在此基础上提高并不容易，付费用户比的上升也涉及多方面因素，所以在电商运营初期就应该考虑到后续的规模扩张。如果经营方本身具有很强的能力和专业素养，也可以将其定位在高端用户群体，专门针对他们的需求为其提供高品质产品，但是毕竟这种情况很少见。

阻力二：无质量保证

如果仅凭一人之力在7天之内打造优质产品，还要保证用户满意是非常困难的。为了解决这个问题，有的电商由于刚刚起步，不得不与他人联手，既发布自己的优秀产品，也从其他作者那里汲取营养，增加多样性。不这样做，用户的关注度就会逐渐下降，最终结果是新增用户比率下跌，而这种局面是很难扭转的。

阻力三：难熬的坚持

要使一个平台保持在活跃状态，经营者一天至少要在线两个小时来更新内容或与用户互动，但是在现实生活中，很少有人以此为自己的专职工作，不可能每天都有灵活的时间。尤其是以盈利为目的的电商运营者，很多细节工作都需要大量的时间。对他们而言，坚持是一件难熬又亟待克服的事。

细节魔鬼：逻辑简单，执行困难

曾几何时，淘宝网上“小而美”的电商们看见了自己的黄金时光。

义乌市青岩刘村，原住人口只有千人，而该村电商的年交易额居然高达8亿元，这意味着淘宝网上交易超过50万笔的金冠店有10%分布在这个村里。然而，随着淘宝平台代表的传统互联网电子商务行业逐步规范，当年那种“开一家赚一家”的风头不再，产品的更新换代速度不够、差异性和独特性不足、加上弱肉强食的竞争激烈化，迫使小卖家们纷纷退出。

微信电商却在此时异军突起，涉足微信平台的电商们开始打磨自己的盈利模式，并向市场发出试探性的进取号角。这也说明，电商模式绝未走到尽头，而是刚刚起步。“革命”尚未成功，不要停止前进的脚步。

某地一个知名的茶叶电商品牌的业绩在整个网络上销售排名稳居前列，产品年销售额超千万元。但它并没有满足现状，也没有忽视微信平台的扩充，该企业的营销团队在业内率先开发了微信公众号。

起初，它同不少企业一样，只是将公众号当作对外宣传的媒介，不久后，在营销专家的指点下，该企业的营销团队开始重视微信公众号对盈利的意义。他们将公众号的二维码、微信号及客服QQ同时放置到官网、天猫商城、官方微博、产品宣传册、海报、宣传页和产品外包装上，另外，在上述平台还推出了微信销售的广告。配合一系列活动，官方微信还推出了与各种茶叶知识相关的宣传内容，每三天向公众号关注者推送一次，并邀请微信营销团队加入，打造相关解决方案。

通过这样的营销方式，虽然该企业官方微信的订阅用户数量还不太多，但是基本上每名订阅者都在企业的影响下，因原本对茶叶的兴趣和其公众号的宣传而成为该企业的忠实用户。显然，微信为这家企业带来了领先一步的盈利模式。

我们应该借鉴电商在发展微信营销过程中的盈利模式，将之作为目标，并在合理运营的基础上做好配套的服务基础，保证电商平台或为企业新的“输金管道”。

基于微信平台进行的电商运营，其方式必须在一定程度上摆脱微博等传统方式的影子。

1. 利用微信接口寻找更多获利方式

目前，随着微信的迅速发展，针对淘宝网开发的微信接口层出不穷，这对微信用户的体验及电商自身的营销开发都有较好的帮助。实际上，电商企业还可以自建基于WAP或3G技术的网站，从而监测在不同营销活动中推广接口的打开率和跳转率，通过观察和分析这些数据，企业能够即时获取营销活动的效果评测并做出调整，从而找到更好的获利方式和途径。

2. 及时有效地区分新老用户

大多数企业的微信公众号以线上活动为主，即使有以线下为主的情况，最终也要转换为用户在互联网上的关注。因此，用户的来源区分就显得更为重要。想要成功提高电商店铺的销售效率，企业必须及时、准确地做好新老用户的有效分类，以便进行个性化的信息推送、制定销售策略。

例如，通过分组功能和二维码功能的结合，企业能完美地实现对用户新老程度的鉴别和区分。具体做法是，企业可以将优惠信息或者产品信息生成二维码，并利用文字信息指导用户扫描二维码后及时回复“新”或“老”，并附上其个人在官网或电商平台上的用户名。根据不同用户回复的信息不同，企业就可以快速分类操作，并添加和用户名、邮件、手机号等相关的备注，便于日后进行准确的推荐和营销。

3. 鼓励用户积极参与并相互推荐

值得注意的是，在可以预知的未来，用户自身构建的社交关系将一直是企业可以充分利用的营销和宣传渠道。具体来说，用户本人对产品的看法经过有效传播后，能够为企业带来更多的关注和好评，吸引更多新用户，创造更多业绩，即“每个用户背后都关联 24 个以上的用户”。

因此，在电商运营过程中，可以抓住那些具有强大粉丝号召力或能够激发更多粉丝参与对产品的体验和评价的重量级微信用户，比起普通用户，他们更乐意通过朋友圈或微群和好友分享微信上得到的信息或者企业推送的消息。

在这些重量级用户将信息分享出去的过程中，他们本身对企业产品和品牌的感受也进一步提升，并利用其个人社交圈的信任度为企业带来更高的新用户转化率。通过这个途径，企业依然可以基于电商平台取得更好的业绩。

电商卖相：竞争优势，气质取胜

在我看来，所谓的气质，其实是电商的卖相——电商平台上一部分销售技术的总和，这部分技术可以使我们在最好条件下，包括物质和精神两方面，向（潜在的）用户展示我们销售的产品和服务。

“互联网 +”时代，用户在电商平台购物，与用户视觉的沟通尤为重要，一切所谓的完美气质都需要通过“看到”这个动作来实现，并且也要将其贯穿始终。互联网的成熟化却推升了电商推广的成本，在市场竞争日益白热化的情况下，用户血拼过程中承担的必然包括商品所分摊的传播成本。如何通过最大的传播面、最短的传播距离运用最有效的传播方式吸引用户，以及如何提高传播的有效性，是打造“完美气质”的全部内容。

打造“完美气质”有以下四个关键点。

1. 想象力

在提供给用户物质满足的基础上，更要重视用户心理上的满足。

很多企业只顾着卖产品，却忽略了一件更重要的事——产品本身的想象力。让每件产品为自己代言,做自己的销售员非常重要。以服装为例，每个模特的妆容、表情、动作，配合他们演绎的每一件衣服都有最适合的场合、最适合的心情、最适合发生的故事，这一切都可以通过画面为用户营造最美的想象空间。可以说，产品销售力就是通过用户看到产品后所产生的想象力来壮大的。

2. 注意力

在“互联网 +”时代，再好的产品如果不能引起关注，也会胎死腹中。

若想让用户看到所有“美”的气质，注意力是关键。每天在电商平台上涌现不计其数的新品牌，如何在众多品牌中脱颖而出，是企业面临的首要问题。

例如，在服饰行业，大部分企业都是聘请几个模特穿着新品服装展示一下就了事，事实上这样做远远不够，缺乏新意的呈现方式只会让用户的视觉体验变得麻木。所以，必须把有意思的东西展现出来，才能吸引用户的注意力，让用户心甘情愿地留下来。

3. 好感度

展现在用户面前的“气质”如果不能与之产生共鸣，就是白费力气。

在电商平台上，众多品牌高喊着品牌价值塑造，但是往往传播出来的东西却不甚理想。解决用户认可品牌价值中最快、最有效的方法就是充分连接用户的价值观，进而围绕用户的心理价值营造“气质”，最终形成群体性认同。这种方法将大幅提高用户的重复购买率，从而缩减品牌传播成本。

4. 记忆点

唤醒用户注意力的同时，还需要让他们记住，不使用户反感的重复和坚持无疑是最好的办法。

也许有些用户觉得品牌的记忆点和对品牌内涵的诠释应该是广告语，但其实一个有效的记忆符号才是一个品牌的全部。“气质”其实也是一种通过视觉来完成的品牌传播的形式，例如，在广告图中、产品展现中、活动中使用，就能够变成品牌价值传播后的高度浓缩，其实这就是品牌要传播内容的最简单的记忆点。

当然，想要俘获更多用户的心，我所总结的内容还远远不够。但是相信以上落地策略能够在你敲开本地自媒体成功之门的路上助你一臂之力，提供一定的借鉴，令你乘着东风、奏着凯歌一路扬帆远航！

第八章

抱团取暖打天下
——打造本地自媒体联盟

宝钢董事长徐乐江感慨道："中国钢铁市场供不应求的时代已经结束，当前，要化危机为转机，需要企业间携手打造具有竞争力的战略产业链，抱团取暖，共渡难关。"

可见，在危难时刻，唯有联合起来，抱团取暖才是明智之举。

对本地自媒体人而言，未来风云变幻莫测，严冬并未真正远去。或者说，冬天过后，迎来短暂的春天，而春天渐行渐远时，冬天的脚步又近了。

这个时代的危机与机遇并存，犹如天平的两端，到底往哪一边倾斜，不仅看运气，更要看本地自媒体人的实力。

看清优势：
在共享平台更易抱团取暖、强强联合

抱团取暖：移动互联网让本地困兽看见希望

抱团取暖，原意是指在寒冬时节，人们抱在一起，相互取暖，比喻互助协作、积聚力量共渡最困难的时期。抱团取暖同样适合本地自媒体人。

阅读至此，相信你已经不像刚翻开本书时那样迷茫，移动互联网让困兽们渐渐走出困局，各种自媒体平台纷纷登场，并以更为丰富全面和个性化的内容设置为本地自媒体人带来新的媒介体验。

同时，在成功吸引大量用户以后，如何有效实现自身的收益目标，实现可持续成长，也成为本地自媒体人需要攻克的重要课题。

为此，本地自媒体人更应该强强联合，抱团取暖打天下。本地自媒体人可以从以下几方面着手：

- 搭建共享平台；
- 分享文案、技术、思路、方法和资源；

● 销售共同拥有的产品或项目；
● 广告传播（优势将超越本地电视台）。

2008年年底，宝钢与海尔签订了新一轮战略合作协议，协议的核心就是合作打造具备核心竞争力的战略产业链。双方将进一步创新合作模式，进一步完善上下游的供应链体系，共同挖掘产品价值，实现双方利益的最大化。

在市场形势危难之下，抱团取暖才是明智的选择，那么如何才能找到合适的伙伴联合起来呢？

1. 找到与你抱团取暖的人

要经过市场的初步考验，首先要真正找到一批用户、客户、下游商家，让你的产品技术升级达到行业标准，从而在专业领域拥有发言权，并且融入产业联盟，最好成立专利垄断联盟，组建抱团取暖的团队。

2. 把竞争对手变成好战友

如果竞争对手掉进河里，拼命挣扎，马上就要淹死了，你该怎么办？

麦当劳创始人之一雷·克洛克给出的答案是："拿起水龙头，塞进他的嘴里。"

林肯却说："消灭敌人最好的办法就是把竞争对手变成自己的朋友，那么我们或许真的能一劳永逸。"与竞争对手合作，可以共担成本与风险，共享资源、人才和技术，让自己变得更强。

没错，即使是竞争对手，在市场上贴身肉搏，甚至到了"不是你死，就是我活"的残酷境地，在特定情况下一样能够成为一个战壕里的战友。

打造"老板圈"：新的变现模式让本地自媒体人共享红利

在经济危机引发的经济寒冬中，诸多经济体迫不得已选择"冬眠"

的方式保存体力，以迎接下一个春天的到来。然而，新的时代为我们创造了新的生存环境和机遇。运营本地自媒体需要成本，即使这个数额也许没你想象中的大，但是如果没有适当的激励，长时间的维护和更新之后也会出现乏力和疲惫的状态。这时，变现就成为很好的激励方式，对以赚钱为目的的本地自媒体人来说更是如此。以下 8 种诞生于新经济环境中的变现模式正是本地自媒体人在打造“老板圈”之后可以轻松坐享的红利。

1. 品牌模式

形成品牌效应，即术业专攻，成为某个领域的关键意见领袖，通过自己专业领域的绝对实力来提高自己的身价和声誉。

或许对于一个普通本地自媒体人来说，他们的发展高度很难企及，但是传统行业缺乏新媒体的运营人才却是不争的事实。因此，一个人只要术业专攻，塑造品牌也并非难事。这一模式的践行者很多，如明道软件的副总裁、触控科技的前战略总裁曾航、“移动观察”的运营者。他们都是从传统媒体时代、在自己的专业领域逐渐发展起来的人，基于自己的品牌效应，他们纷纷跳跃到新媒体时代时实现了飞跃式发展。

2. 策划模式

策划者可以在豆瓣阅读、腾讯阅读等频道上开启付费阅读模式，如付费专栏、付费电子书，积累人气之后也可能收到出版机构的邀约。

除此之外，策划者也可以到有需求的商业公司应聘特约策划人，对商业机构和公关机构来说，具备优秀策划能力的人还是比较受欢迎的。

有的本地自媒体人有很强的写作能力，但是运营以及包装能力欠缺，这部分人就比较适合策划模式。

3. 产品模式

本地自媒体与用户之间一般存在多种联系形式，有借助内容表现思想和情趣的，还有通过内容和产品共同表现的。

本地自媒体最初的发展是为他人做广告以及推广产品，待发展渐趋成熟之后，有些本地自媒体将目光转向推出自己的产品，包括内容产品、服务产品和实物产品等。无论是企业公众号还是网页的推广路径，最终都要聚焦到产品上来。

4. 会员模式

会员模式表现为粉丝和社群的运营，实质上该模式是本地自媒体核心能源和能力的标准化配合式输出。只要你拥有足够强大的资源和能力，并能找到输出方式，就可以尝试会员模式，吸引更多同行和老板加入。

5. 渠道模式

这一模式开启的前提是用户量达到一定的基础。通过对大批用户的分析和观察，可以从中描绘一个用户的形象。只要用户的形象出现了，本地自媒体的渠道模式就可以开启了。而且这一渠道具有很大的优势，脱胎于粉丝的用户大都与本地自媒体之间有很强的黏性，用户的转化率较高，产品的推广和销售也更容易。

6. 广告模式

当前，广告仍然是本地自媒体的主要盈利模式。这主要是因为本地自媒体在多年的发展过程中积累了大量的用户和流量，因而对商家和广告主来说，也就拥有了巨大的广告营销价值和空间。

尤其在当前的社交媒体收入结构中，广告创收仍然是其实现收益的重要手段。关键是，在新产品、服务和平台不断涌现的移动互联时代，本地自媒体应该不断探索更有效的广告模式，以增强广告创收能力。

7. 增值模式

除了广告业务，本地自媒体还可以借助品牌的增值服务创收。因为本地自媒体的用户不仅包括个人，越来越多的企业和商家也加入其中。商家通过与本地自媒体的合作，借助本地自媒体平台上庞大的用户流量，实现自身品牌的塑造推广。同时，本地自媒体强大的互动整合运营能力也为商家的品牌营销提供了有力支撑，并借此获得收益。

实际上，不论本地自媒体采用何种盈利模式和商务模式，其最终都要落实到用户需求层面。因此，对本地自媒体来说，最重要的是坚持以用户为中心，不断完善服务质量，优化用户体验。如此，才能吸引和黏住更多的用户，为本地自媒体创收奠定坚实的用户基础。

8. 联盟模式

联盟的出现使得本地自媒体由各自为营走向强强联合，新生力量的集中形成了能与传统模式抗衡的实力。

对本地自媒体人而言，应该充分发挥自身的个性化特质和核心价值优势，在进行盈利创收时，还要谨慎平衡好长短期利益关系：既不能单纯地为追逐商业利益而降低自身的价值追求，也不能忽视对盈利模式的积极探索。

本地自媒体联盟的最大价值在于加速了本地自媒体的商业化进程。在广告主、本地自媒体和公关公司的合作中，本地自媒体联盟实际上充当了中间人的角色。

本地自媒体商业化势必需要更多与外界接触的机会，机会的多少不仅取决于粉丝数量，还取决于本地自媒体在某个领域的影响力。所以，本身就具备某个明显属性的自媒体可以选择加入联盟。

未来，本地自媒体人还要积极摸索新的创收渠道，以实现盈利模式的多元化，共同创造更多财富！

经验借鉴：
这些真实的案例足以让你看到胜利之光

隔岸观火不如身临其境。

阐述了这么多“3+2”矩阵策略的内容，在本书接近尾声之际，我选取了由无锡生活网组织的几个颇具特色的真实案例，希望给各位读者朋友一个参考。也希望在看到这些真实案例后，也许正处于艰难发展期的你能看到远方的胜利之光！

3 000 人红色酷跑：从身到心真正融入大自然

经过近一个月的筹备，近 300 人的努力，全国首创的“无锡首届 SHOW 美滨湖 • 皓腾杯红色跑”完美收官！

红色酷跑的宗旨是带领参与者领略无锡这座城市的文化，激发参与者的团体荣誉感，组织 3 000 个来自无锡及周边的朋友，尽情奔跑狂欢，拥抱祖国的热土，在嬉闹中相识并享受跑步的乐趣，见图 8-1 ~ 图 8-4。

图 8-1 红色酷跑现场图片 1

图 8-2 红色酷跑现场图片 2

图 8-3　红色酷跑现场图片 3

图 8-4　红色酷跑现场图片 4

从现场图片可以看出，红色酷跑的标志性设施随处可见，无不体现了主办方的用心良苦。气势恢宏的活动现场飘舞着大旗，旗帜下一张张热情洋溢的笑脸是对团队的支持、对活动的支持。

> 爱生活也爱行走，
> 心情在路上，
> 爱上跑步，
> 喜欢体验跑步过程中的坎坎坷坷，
> 眷念跑步时的大汗淋漓，
> 心醉于肆意自由而急促的呼吸，
> 欢喜耳边的习习凉风，
> 独爱冲刺时的顺利与喜悦……
>
> 都说和一座城市从陌生到熟悉、由探索到习惯，都是通过跑步来进行，跑着跑着便不再像个酒店客、异乡人，跑出来的熟悉感令人着迷。都说跑步是一项孤独的运动。但是路上的故事也何尝不是一种陪伴。

红色酷跑活动成功地向当地市民普及了无锡的人文知识和文明创建知识，也宣传了无锡的大好风景和人文情怀，更传递了满满的正能量，相信每个参与者都能真切地感受城市的文化，都能热爱我们的祖国、热爱身边的人！

万人帐篷节：用帐篷撑起快乐的天空

万人参与的帐篷节是什么概念？场面将何其壮观？

春风和煦，第三届无锡马山万人帐篷节现场，众人欢聚一堂，激情狂欢，见图 8-5 ~图 8-8。

图 8-5　万人帐篷节现场图片 1

图 8-6　万人帐篷节现场图片 2

图 8-7　万人帐篷节现场图片 3

图 8-8　万人帐篷节现场图片 4

去露营区要走一段盘山路，但参与者仍然兴致勃勃，走到目的地有一种苦尽甘来的感觉；二手集市上，商铺云集，小朋友流连忘返，为参与者提前备好了零食、水果和饮料。走过长长的盘山公路，露营区一片开阔，活动的主办方早已静心等待大家支起帐篷。

帐篷节活动的丰富多彩令参与者兴奋不已，包括：

寻找神秘人让参与者脑洞大开；

罗汉战法，考验大家脑洞的时候到了；

各色挑战极限的任务游戏就是要玩“坏”你们；

据说只有被认可的侠士才能获得印章；

神秘人是谁呢？怪兽蜀黍隐藏得相当深。

活动的一大特色当属烧烤环节，或许对参与者而言，吃什么不重要，重要的是和谁一起。入夜后，路灯闪着浪漫的色彩，著名歌手、魔术大师、惊爆舞团惊现帐篷节，还有美猴王助阵，精彩场面可想而知，用人山人海来形容不足为过。参与者一起围着篝火跳舞，每个人脸上写满快乐。

热情褪去后，在一场经典老电影的陪伴下，所有人渐渐入眠……

很多人都说，帐篷节太短暂了！不过，回忆还是会被留下来，珍藏在每个人的心底！

枕头大战：寻找青春飞扬的味道

枕头大战是一种流行全球的缓解工作和生活压力的减压聚会方式。一般通过网络召集陌生人，每个人带着自己的枕头在规定的时间和地点集合，将枕头撕开一个小口互相击打，将枕芯全部散光才停止。

之所以举办此次活动，并不是要参与者拿着枕头拼个你死我活，而是希望带领年轻人融入大自然，体验最纯粹的轻松与快乐！

这是一场让参与者重走青春的派对，这是一场让参与者认识更多朋友的狂欢。如果非要给此次活动下一个定义，那就是青春飞扬的枕头大战，见图 8-9 和图 8-10。

没有华丽的语言，主办方的态度很诚恳，想做的就是带大家一起开心，让更多人在这座钢筋水泥的冰冷城市感受到一丝温暖。这温暖来自你身边的人，其实也来源于你自己，这便是此次活动的宗旨。

图 8-9　枕头大战活动现场图片 1

图 8-10　枕头大战活动现场图片 2

写下自己的名字，仿佛回到了青春岁月。

枕头大战分成不同的班级小组和主题。

初二 1 班班级主题：各种疯玩

初二 2 班班级主题：生活网战备团

初二 3 班班级主题：每日 10 000 步

初二 4 班班级主题：创业

初二 5 班班级主题：心灵手巧

初二 6 班班级主题：青春

初二 7 班班级主题：90 后

初二 8 班班级主题：爬山

以下是与主题相关的问题和回答示例。

Q：为什么叫初二（ ）班？

A：之前说过，定义成班级、同学，是想让大家没有距离感，因为我的微信名字一直叫初二，所以顺便就用了初二（ ）班。

Q：初二（ ）班能给我带来什么？

A：朋友、技能、快乐、问题的解决，应该说很多，朋友是第一位，然后各种课堂我们会收获到不同的技能，可以挑你自己感兴趣的；收获一起玩的快乐，可以咨询他人平时生活中自己遇到的问题，不仅是同班同学，其他班的同学也可以帮忙，“无锡生活网”团队更是可以帮忙。

Q：初二（ ）班所有活动、福利都是免费的吗？

A：不！我很讨厌别人说“快加入他们吧，都是免费的福利”，之所以有些活动免费，是因为我们拉到了一些赞助商，为了组织活动我们团队也会付出时间、精力，所以每场活动我们会核算，是否免费要视情况而定。

如果只是冲着免费来的，说实话，我们不是很欢迎。付出，才有回报。

Q：初二（ ）班都组织过哪些活动？

A：这个太多了，“插花课堂”“蛋糕 DIY 课堂”“茶道课堂”“密室课堂”“桌游课堂”“自驾游”“跑步活动”“夜徒活动”“万圣派对”“帐篷节”“圣诞派对”，以后还会有更多。

Q：我加入初二（ ）班后需要做些什么？

A：当同学有困难时候，在自己的能力范围内可以帮他一把，积极参与班级活动，维护班级利益，同时可以带更多的朋友一起加入班级。

Q：初二（ ）班加入条件是什么？

A：人品好是第一位，喜欢参加活动，如果不愿意参加活动加入也没什么意思，你说是吧？然后愿意帮助别人，你帮助他人，他人才会帮助你。还有热爱生活！当然加入前必须经过本班班长同意。

Q：班级内部出现矛盾怎么办呢？

A：这个很正常，我们有时候和父母还会吵架呢，有问题时，第一不要在群里骂脏话，第二不要轻易退群，因为这并不是解决问题的方式。人和人之间有矛盾太正常了，一定要找班长解决，班长解决不了，找初二，这点儿问题，我还是解决得了的，如果初二解决不了，那么任你处置。

这里想多说一点儿，就是遇到事情退一步，有时候真的就赢了，还有特别不喜欢和女生吵架的男生，男人嘛，有时候是要一些风度的。

Q：什么情况会被开除学籍？

A：首先，人品不好且在群里骂脏话的人，无论对错；其次，不经常参加活动的人；再次，发一些负面信息和垃圾信息的人；最后，未经允许乱发广告的。这个各个班长会把握。

Q：如果我想发广告怎么办？

A：找班长，班长会处理，广告必须保证真实、有价值、高品质，不欢迎任何形式的虚假信息；一般发广告要先征求一下同学们的意见，然后发个红包。

鲜力达果品：只是水果的搬运工

总听苏州和上海的朋友说他们买水果都论箱买，不是因为土豪，而是因为有水果批发行的存在。“新鲜、价低、质量好”是水果批发行的宣传语，终于，无锡的鲜力达果品来了！

鲜力达果品超级批发行强势进驻无锡，每斤几毛钱的香蕉让很多当地居民直呼过瘾，低于任何渠道价格的各类水果还极其新鲜，见图 8-11 和图 8-12。

图 8–11　鲜力达果品批发行活动现场图片 1

图 8-12　鲜力达果品批发行活动现场图片 2

很多小伙伴会问，鲜力达的水果为什么便宜又新鲜？

答案很简单，水果都是成吨大批量地运输，20 个国家直供、36 个省市“产地直销”！

每天有专门的卡车运送，装货卸货，只为用户能吃到便宜又新鲜的水果。

鲜力达果品批发行的宗旨是“不生产水果，只是水果的搬运工”。

看似不起眼的水果批发，很多人认为这有什么难的？

殊不知，为了更好地服务每一位果粉，鲜力达特推出线上抢购功能，又在线下打造活动现场，用 600 平方米的门店装下了来自世界各地的水果，如此性价比高的水果批发行也只是为了给用户呈献更多的鲜果，这种感动人心的服务精神值得后来者学习！

江浙沪地方新媒体交流会：碰撞中造就更广阔的世界

2016 年 5 月 16 日，江浙沪地方新媒体交流会在无锡太湖召开，在我看来这是一次没有客套只有干货的交流和碰撞。

关于此次活动，中国网做了详细的报道。

设于帐篷节“核心区”的 2016 江浙沪地方新媒体交流会，更显一种混迹于烟火却拔萃于人群的“精英集萃”之感。随着新媒体大咖们的一一到来，这场“群仙过海，各展神通”的新媒体干货交流会也就正式开始了。

思维，电光石火，于碰撞中造就更广阔的世界；交流，直逼要点，所以各取所需、多方共赢。

交流会由知名站长郭吉军主持，随着他诙谐生动地介绍，各路身怀绝技大咖一一现身：方雨，WeMedia 联合创始人；窦明亮，移动电商牛人……常州化龙巷、姑苏网、南京吃喝玩乐、魅力上海、你好杭州、南京那些事、苏州微生活、盐城 123、淮网、义乌十八腔、上海去哪吃、邳州论坛、南通热线、泰无聊、暨阳社区、宜兴在线、教育百师通、马道长科技等江浙沪近 100 家地方新媒体平台集聚太湖之滨，见图 8-13 ~图 8-15。

大咖云集处，正是风起云涌时。在东道主的简短致辞后，大咖们围

图 8–13　江浙沪地方新媒体交流会现场图片 1

图 8-14　江浙沪地方新媒体交流会现场图片 2

图 8-15　江浙沪地方新媒体交流会现场图片 3

绕本次会议的两大主题进行了火热交流：一是地方新媒体的盈利模式探索，二是粉丝增长的有效方法。大咖们为一方魁首，对新媒体安身立命的关键点自是各有独门绝技，也各有独特见解。大量干货交流、实战技术亲传，随着大咖们的谈笑风生，会场内的气氛也不断升温。说的人谈得酣畅，听得人也大呼“过瘾”。本次交流会是一次江浙沪群英大聚会，又是一次私密的个人会面。

交流会未设主题嘉宾，大家围坐一圈，“抱团”讨论、畅所欲言。会议场址设在一顶超大的帐篷内，外设烧烤架，表明了主办方的意图：全力营造一个轻松亲切的氛围，让与会者能像朋友一样交谈。上半场的热烈交流在欢声笑语中结束，下半场的自由讨论开始。在交流中很快熟稔起来的大咖们开始自由结对交流，来一场私密的会谈，探讨经验、商谈意向……上半场是热烈的，下半场是高效的。在这样一种自如愉快的氛围中，新一轮的资源共享、互补、整合乃至最大化利用已在悄然进行。据说有不少与会的大咖在这次交流会中达成了跨区域合作协议。共享共赢，皆大欢喜。

晚上 8 点，交流大会圆满结束。不过这只是个开始，更多的精彩还在后头。大咖们专为此次会议新组建了一个群，以方便此后随时随地分享、及时有效沟通和更多更久地合作。可以说交流大会以“抱团”面谈开始，以“抱团”分享为宗旨，并以“抱团”发展为将来持久不断的延续……

交流会结束后，大咖们又参观体验了万人帐篷节，学习主办方“无锡生活网”举办大型线下活动的成功经验，详细了解万人活动的各种细节和注意事项，并纷纷“点赞”。

无锡生活网的工作人员介绍，此次无论新媒体交流会还是万人帐篷节都经历了一次人数上的“严苛”限制，以交流会为例，在信息发布 24 小时内就收到了 300 多个报名表。为保证交流会的专业性、纯粹性、精英化，生活网只好忍痛做了许多割舍，所有报名者原则上须满足两大条件才能参加：一是江浙沪本地新媒体，二在本地的影响力居前三。作为活动发起人，“无锡生活网”一再对那些未能前来参加的朋友道歉，并承诺：后续会将所有嘉宾最后分享经验整理成文档推送给大家，足见主办方的用心与参与者的热情。最重要的是，通过此次大会真正促进了江浙沪地方新媒体的交流与融合！

后　记

在新媒体时代，你永远不算迟到的人

互联网的发展，为本地自媒体的崛起提供了技术基础，微信订阅号、公众号等平台迅速兴起，越来越多更具影响力的地方性企业开始通过这些媒体平台将自己的经验、感悟、评论与目标用户分享，拉近了普通用户和企业之间的距离，因而吸引了大批注册用户。与此同时，也吸引了大量的赞助商。

为什么越来越多的人热衷于经营本地自媒体？

克莱·舍基在《认知盈余》一书中提出了“认知盈余”这一概念，IBTIMES 中文网总编辑、资深媒体人连清川是这样解读“认知盈余”的：

> 每个人在工作、生活中会接触到不同的信息以及知识，并会产生一定的感悟，当这些体验、知识超过了自己所需的数量，就需要进行分享、销售。而社交媒体恰好能为公众分享自己的感悟、体验提供一个交流沟通的平台。

在出售自己的知识、体验、感悟的过程中，原创者将获得一定的用户以及经济报酬，在利益的驱动下，基于互联网、自媒体形式的本地自媒体的机会也将越来越多。

例如，随着移动互联网的发展，微信订阅号流行起来，徐沪生团队的自媒体“一条”成功融资百万美元、罗振宇的自媒体“罗辑思维”的订阅量超过400万、汽车自媒体“玩车教授”获得天使轮投资1 500万元……

由此可见，互联网为我们带来的商业价值不容小觑。

随着微信、社群、电商的流行，本地自媒体也成为人们热议的话题，但也有许多本地自媒体人心生疑虑：互联网浪潮中的大军层出不穷，面对众多竞争者，我是不是来晚了？

的确，由于互联网的免费性，其准入门槛较低，当前的互联网环境急需为本地自媒体人营造一个健康的生态圈。例如，建立起行业规范，在满足自媒体人需求的同时，又能塑造一个有秩序的市场环境。

尽管本地自媒体的发展潜力巨大，但在其发展过程中，更多的本地自媒体人因各种原因而被市场淘汰。

截至2016年年底，市场上已有微信本地自媒体数百万个，但盈利的不到1%，更多的本地自媒体平台面临生存的窘境。

即便如此，与其逃避，不如面对。本地自媒体人还需要面对以下问题：

- 传播范围有限；
- 难以满足受众需求；
- 盈利方式被动；
- 内容生产成本高；
- 抄袭成风维权难；
- 平台资源分散；
- 管理经验不足……

不知不觉2016年已经接近尾声，随着互联网的急速发展，“互联网+”给本地自媒体人转型发展提供了前所未有的战略机遇。2015年全国两会期间，李克强总理签署批准国务院印发了《关于积极推进“互联网+”行动的指导意见》，至此“互联网+”上升为国家战略。

既然获得了国家与地方政策的鼓励与支持，本地自媒体人就更应该积极拥抱互联网，将其中的思维、技术应用到本地自媒体运营中。

当你懂得了这些，在新媒体时代，你就永远不算迟到的人！